U0519056

科技法律实务系列

知识共享许可协议
适用指南

中国科协学会服务中心　编著

知识产权出版社

全国百佳图书出版单位

—北京—

图书在版编目（CIP）数据

知识共享许可协议适用指南 / 中国科协学会服务中心编著. — 北京 ： 知识产权出版社，2024. 12. — ISBN 978-7-5130-9622-5

Ⅰ. D913.404-62

中国国家版本馆 CIP 数据核字第 20244AN293 号

内容提要

本指南的编写旨在支持我国科学出版领域的开放获取建设，更好地融入全球知识共享潮流。本指南聚焦于知识共享的理论基础、国际趋势及著作权法视野下的法律效果，深入剖析知识共享许可协议的正确应用，提供国际同行的实践案例及广泛使用的协议文本。

本指南的主要读者对象包括期刊从业者，尤其是参与国际学术交流的出版社、期刊社、编辑人员，同时适用于论文撰写与发表的研究者。

责任编辑：张　珑　　　　　　　　　责任印制：刘译文

知识共享许可协议适用指南
ZHISHI GONGXIANG XUKE XIEYI SHIYONG ZHINAN
中国科协学会服务中心　编著

出版发行：知识产权出版社有限责任公司		网　　址：http://www.ipph.cn	
电　　话：010-82004826		http://www.laichushu.com	
社　　址：北京市海淀区气象路 50 号院		邮　　编：100081	
责编电话：010-82000860 转 8119		责编邮箱：laichushu@cnipr.com	
发行电话：010-82000860 转 8101/8102		发行传真：010-82000893	
印　　刷：天津嘉恒印务有限公司		经　　销：新华书店、各大网上书店及相关专业书店	
开　　本：720mm×1000mm　1/16		印　　张：13.75	
版　　次：2024 年 12 月第 1 版		印　　次：2024 年 12 月第 1 次印刷	
字　　数：262 千字		定　　价：69.80 元	

ISBN 978-7-5130-9622-5

出版权专有　侵权必究
如有印装质量问题，本社负责调换。

编 委 会

主　　任　刘亚东

副 主 任　刘桂荣

委　　员　黄　晖　侯米兰

编 写 组

主　　编　黄　晖　侯米兰

执行主编　王辛未　刘雪峰

副 主 编　高　然　王　冠

成　　员（按姓氏拼音顺序）

　　　　　程　锦　龙卓然　鲁　雪　吕若溢

　　　　　马　莉　苏泽祺　田雅楠　汪　泽

　　　　　王　妍　张校铨

前　　言

　　《中华人民共和国国民经济和社会发展第十四个五年规划和 2035 年远景目标纲要》提出："十四五"时期要"实施知识产权强国战略，实行严格的知识产权保护制度"，同时要"实施更加开放包容、互惠共享的国际科技合作战略，更加主动融入全球创新网络"。在尊重他人版权的基础上实施开放科学、开放获取，即是同时符合前述纲要两条要求的正确道路。全国政协常委、中国科学院院士、世界一流科技期刊建设专家委员会主任杨卫在第十七届中国科技期刊发展论坛上也提出："学术出版的展现形式已经发生了不可逆转的变革，这个变革就是开放获取"，"但在国际一流期刊建设方面，我国还要付出更多努力"，"中国从 2020年开始加大力度建设国际一流期刊，希望在 2030 年能够在世界科技出版界占有一席之地，2050 年能达到与欧美比肩的水平"。可见，无论是经济和社会发展的需要，还是随着我国科技实力不断提升达到的在国际科学格局中的新地位，都要求我国科技期刊积极投入开放获取的建设中。

　　通过对科技期刊社的走访与调研，发现部分学会主办的期刊已经实施了开放获取，且这些开放获取的期刊普遍使用知识共享许可协议（CC 协议），尤其是 CC 署名–非商业性使用–禁止演绎协议 4.0（CC BY-NC-ND 4.0）。此局面之形成完全在情理之中，开放获取追求的是高效率的内容传播，而版权作为一种合法的垄断，天然地容易阻碍传播效率。因此，内容架构合理、国际普遍适用、与版权关系密切且通俗易懂的 CC 协议便成为适当的法律工具，其价值在于高效处理潜在的版权纠纷，辅佐科学成果及时传播。如前所述，各主流出版集团、开放获取索引目录大多也适用 CC 协议。我国既然投身于开放科学的浪潮，自然也不应逆势发展，而是应该在研究、理解、修正 CC 协议的基础之上，正确地使用 CC 协议，发挥 CC 协议这一国际性法律工具对知识传播的积极作用。

　　CC 协议对知识传播具有积极作用已经无须多言，然而，CC 协议作为"舶来品"，其法律问题是法学研究领域的蓝海，比如本书所提到的正确或错误适用CC 协议的法律效果、法律后果如何？适用后应当遵循何种传播规则？含有不同构成要素的 CC 协议之间是否可以或在何种情况下可以交叉、重叠适用？以及利用适用 CC 协议素材创作文章后，再对新的文章适用 CC 协议存在哪些限制？这些问题都存在极强的专业性，且在协议被翻译成中文后，存在极个别的"含

i

义失真"的情况，需考校官方解释的原文和其他主流国家的版权法律进行理解。科技领域的作者，甚至出版领域的期刊编辑，都较难分出精力作上述如此深入的研究。

　　本书通过梳理 CC 协议的产生背景、基础概念、适用模式及范围、案例模型引导等多种形式，为科技期刊社及相关人员普及实践中所需的基础著作权理论，希望能够切实发挥法律对世界一流期刊建设的保障作用。受时间和自身水平所限，本书在编写和整理过程中难免有遗漏或错误之处，恳请读者批评指正！

本书编写组

2023 年 11 月 7 日

目　　录

第一章

知识共享许可协议（CC 协议）概述

一、CC 协议的产生背景及分类

（一）CC 协议的产生背景

1. 开放共享思潮的出现与发展

《中华人民共和国著作权法》（以下简称《著作权法》）第一条规定："为保护文学、艺术和科学作品作者的著作权，以及与著作权有关的权益，鼓励有益于社会主义精神文明、物质文明建设的作品的创作和传播，促进社会主义文化和科学事业的发展与繁荣，根据宪法制定本法。"知识产权制度的设立初衷即为协调平衡个体私权与公共福祉，平衡知识生产者、传播者、使用者之间的利益关系，促进知识生产与创新。但不容忽视的是，技术的发展推动着知识生产和利用方式的改变，来自国际知识产权学术界的声音提醒人们，应该警惕知识产权制度走向它的反面，知识产权法（包括著作权和专利权法等）的目的一直都是确保资源共享和鼓励创新。

然而，在过去的三十年中，人们对法律宽度、范围和期限的理解，日渐形成一个与现代技术、经济、社会发展趋势严重脱离的知识产权体系。这无疑威胁着我们，以及我们的后代都将赖以生存、赖以发展的创意和创新之链。❶越来越多的学者指出，权利的过度扩张使得传统知识产权制度逐渐"失效"，知识产权人所具有的独占性的垄断权是法律赋予经营者在竞争中的优势地位，但随着知识产权商业化进程的加深加快，有限的垄断权过度倾向于保护知识创新者的个人利益和追逐经济利益，出现权力膨胀和滥用现象，偏离了知识产权制度的

---

❶ 关于创意、创新和知识产权的阿德尔菲宪章. www.adelphicharter.org.

1

功能、目的多元化的初衷。虽然整个社会的知识存量整体增加明显，但社会公众获取知识和信息的路径受到限制，部分应当被纳入共有领域的资源被一些权利异化的垄断者掌握，技术、信息、思想难以得到广泛传播和扩散，导致公共资源创造社会福祉的公益目标无法实现。由此可见，网络技术的发展带来了信息喷发和创作门槛降低的时代，社会公众的创作欲望有所高涨，而传统著作权法中"所有权利保留"的权利行使模式极大程度上限制了社会公众对作品的使用。为了在现有法律框架下实现知识创造成果的合法分享、演绎与再使用，在推动知识创新与传播的同时，促进公众对人类知识和创造的普遍获取，开放共享思潮开始兴起，学者随之发起了自由软件（Free Software）、开源运动（Open Source）、知识共享（Creative Commons）和开放获取（Open Access，OA）等一系列运动。❶

其中，自由软件和开源运动首次提出并有所发展，主要集中在软件版权领域❷，其后成为知识共享运动的思想基础之一。具体而言，20 世纪 80 年代中期，理查德·斯托曼（Richard Stallman）启动了 GNU（为"GNU's Not Unix"的缩写，普遍译为"自由软件运动"）工程并于 1985 年创办了自由软件基金会（Free Software Foundation），从而揭开了开源运动的帷幕，并在业界得到广泛响应。他认为，软件应当像言论一样自由，尤其是构成运行程序的源代码，提出了自由软件概念。于是他创建了 GNU 通用公共许可协议（GPL 协议），使得所有人都能够查看、拷贝、修改代码并且将其应用到自己认为合适的目标上。1998 年，由于观念上的分歧，埃里克·雷蒙德（Eric Raymond）和其他一些开发人员离开了理查德·斯托曼的自由软件阵营并成立了开源软件促进会（Open Source Initiative，OSI），至此，开源软件概念正式进入了人们的视野。

2001 年知识共享组织成立，劳伦斯·莱西格（Lawrence Lessig）是创始人和主席，其于 2002 年 12 月发布了 CC 协议。劳伦斯·莱西格认为，自由软件基金会创始人理查德·斯托曼的方法是利用著作权法，即通过应用受著作权保护的代码的许可协议来创造一个自由软件的世界，同样的方法也适用于文化。采用这种方法是对日益扩张的著作权保护范围的一种回应❸，其目的是在网络环境下构建一个公众可以自由使用的、平衡而灵活的著作权体系。围绕此，人们

❶ 王春燕. 数字时代下知识创新与传播的解决方案[J]. 电子知识产权，2009（6）：35.

❷ 王曦. 著作权权利配置研究——以权利人和利益相关者为视角[M]. 北京：中国民主法制出版社，2017：180.

❸ LAWRENCE L. Free Culture-How big media uses technology and the law to lock down culture and control cre ativity[M]. New York: Penguin Press, 2004：280-282.

就内容类的知识共享（排除了软件）建立起"开放获取"的规则。

并且，需要注意的是，知识共享并非忽视版权。2010 年 6 月，美国作曲家、作者与出版者协会（ASCAP）曾向成员发出了反对包括 CC 协议在内的"反版权"事务的募捐信，呼吁成员抵制 CC 协议，因为其认为知识共享组织（以下简称"CC 组织"）的工作是破坏版权的。对此，CC 组织发表了线上声明，提到："CC 协议是版权协议，这是一个简单清楚的事实。而这一系列的法律工具正是以版权为基础的，一旦离开版权就无法运行。CC 协议是一套法律工具，帮助创作者在保留部分权利的同时为公众提供相应的使用自由。想要保留所有权利的创作者则不应使用 CC 协议。"由此可见，CC 协议所推崇的是达到一种平衡，其推行完全取决于著作权人的个人意愿，让学者、科学家、艺术家等都能通过自愿的选择进行知识共享，这样既尊重了原创者的利益，社会公众亦可从中获益。❶这种方法不是对抗"所有权利保留"，而是补充后者的不足，提供了一种"保留部分权利"的替代解决方案；其目的是使作者和制造者更加灵活并且低成本地行使权利，而这将有助于创造性成果更加顺畅地传播。

2. 开放获取与 CC 协议的结合

随着人们对科学传播的效率和交流需求日益提升，科研成果的传播也经历了多个阶段：由 16、17 世纪的不全公开，到 20 世纪 50 年代形成以数字资源形式出版和传播，再到 21 世纪发展出致力于使信息获取和知识分享更为便捷与快速的开放科学理念，即以合作和分享的方式使所有求知者免费获得科学研究成果，让更多的人关注科学并参与其中，促进全球科学发展进程，激发科学创新。❷实践中，共发展出了开放获取（Open Access，OA）、开放数据、开放平台及参与式科研等多种实现形式。

其中，OA 一词于 2002 年德国马普学会在布达佩斯召开的研讨会上首次提出，会后发布的《布达佩斯开放获取倡议》（*The Budapest Open Access Initiative*）界定了其含义：开放获取是指同行评议后的研究文献在互联网公共领域里可以被免费获取，允许任何用户阅读、下载、复制、分发、打印、搜索或链接至这些文章的全文，以及为建立索引而爬取、将其作为数据进行软件传递或出于其他合法目的使用。❸需要注意的是，高质量学术出版物的编辑、生产、传播和保存成本高昂，虽然读者或图书馆可能会免费获得一份文献，但实际上并没有真

❶ 劳伦斯·莱西格 2006 年 3 月 29 日在知识共享中国大陆法律文本许可协议发布会上的主题发言："知识共享在知识经济中的角色".

❷ 中国科学技术协会. 中国科技期刊发展蓝皮书（2021）[M]. 北京：科学出版社，2021：122.

❸ BOAI. Budapest Open Access Initiative, https://www.budapestopenaccessinitiative.org/read/. 最后访问日期：2023 年 11 月 7 日.

正"免费"的出版物，显然在学术出版物产生和传播的过程中，某些利益相关者已经为此承担了费用。❶目前国际上已确定的主要开放获取模式有金色开放获取（Gold Open Access）、绿色开放获取（Green Open Access）、青铜开放获取（Bronze Open Access）、钻石（或铂金）开放获取（Diamond/Platinum Open Access）等。

尊重版权是开放获取的前提之一，因此在各类开放获取模式中，为保护作者或其他版权人的权益、提高传播效率，有必要适用制式的版权许可协议。在科技期刊的开放获取中，普遍使用的是适用于不特定主体的许可协议，具有代表性的为 CC 协议。❷CC 协议作为一种开放许可授权的模式，使作者能在保留必要权利的基础上，让渡更多权利给社会公众，以便作品免费传播。

（二）CC 协议的分类简介

2002 年 12 月 16 日，CC 协议的最初版本发布，之后经历了 2004 年、2006 年版本的演变，2007 年，具有更广泛适用性的通用版本 CC 协议，即 CC3.0 协议面世，各司法管辖区可根据自己的法律制度进行本地化。❸2013 年，CC4.0 协议发布，该版本适用于国际环境及数据共享等更多情况，且被沿用至今。❹CC3.0 协议的优势是各国能够进行诠释并本地化，CC4.0 协议的优势是作为一项国际标准更适用于各类数字对象，但是各国没有诠释的权利。

具体而言，CC 协议由署名（Attribution，称为"BY"）、相同方式共享（ShareAlike，称为"SA"）、禁止演绎（No Derivative Works，称为"ND"）和非商业性使用（NonCommercial，称为"NC"）四项授权要素相互组成，授权要素的具体内容和组合形成的协议效果详见本书第三章。简言之，学术出版中可能涉及的 CC 协议有以下几种（见表 1-1；协议全文及译文详见附录）。

（1）署名协议（CC BY）：允许他人以任何目的使用作品，只要对原作者或版权人进行署名。

（2）署名–禁止演绎协议（CC BY-ND）：允许他人以任何目的使用作品，只

---

❶ Johnson R, Watkinson A, Mabe M. The STM Report, https://www.stm-assoc.org/2018_10_04_STM_Report_2018.pdf. 最后访问日期：2023 年 11 月 6 日.

❷ 关于 CC 协议的具体内容详见 www.creativecommons.org/licenses。本书附录摘译了 CC 协议现通用的各版本内容。

❸ Creative Commons. Attribution-ShareAlike 3.0 Unported (CC BY-SA 3.0). https://creativecommons.org/licenses/by-sa/3.0/. 最后访问日期：2023 年 11 月 7 日.

❹ Creative Commons: Attribution-ShareAuke 4.0 International（CCBY-SA 4.0），https://creativecommons.org/licenses/by-sa/4.0/deed.en，最后访问日期：2023 年 11 月 6 日.

要以作品的原始形式（未经修改或改编）共享作品，并对原作者或版权人进行署名。

（3）署名-非商业性使用协议（CC BY-NC）：允许他人以任何目的使用作品，只要该使用是非商业性的，并对原作者或版权人进行署名。

（4）署名-非商业性使用-禁止演绎协议（CC BY-NC-ND）：允许他人以任何目的使用作品，只要该使用是非商业性的，且以作品的原始形式（未经修改或改编）共享作品，并对原作者或版权人进行署名。

（5）署名-相同方式共享协议（CC BY-SA）：与CC BY类似，但有额外限制，即通过使用原作品得到的新作品，也需在CC BY-SA许可下共享。

（6）署名-非商业性使用-相同方式共享协议（CC BY-NC-SA）：与CC BY-NC类似，但有额外限制，即通过使用原作品产生的新作品，也需在CC BY-NC-SA许可下共享。

表1-1　CC协议的授权要素、协议类型及图标对照

授权要素	协议类型	图标
BY	署名	
BY-SA	署名-相同方式共享	
BY-ND	署名-禁止演绎	
BY-NC	署名-非商业性使用	
BY-NC-SA	署名-非商业性使用-相同方式共享	
BY-NC-ND	署名-非商业性使用-禁止演绎	

CC协议中还包括一类特殊协议，这类许可称为CC0许可。版权人使用此类许可代表放弃作品的一切版权并将其置于全球公共领域，允许任何人无条件地使用作品。

二、CC 协议在我国的发展

2006 年 3 月，"数字化时代的知识产权与知识共享国际会议"在北京召开，会上中国正式与知识共享组织签署合作，发布了 CC 协议中国大陆法律文本。❶自那时起，CC 协议成为我国一种富有意义的本地化的法律工具。

自 20 世纪 80 年代以来，我国一直致力于建立一个完善的知识产权保护制度。知识产权在促进科技发展和知识创新中发挥着至关重要的作用，完善的知识产权制度是激励自主创新的有力保障，对于我国长远的经济发展和产业升级具有重要意义。❷CC 协议体系是一种有助于知识合法顺畅传播、使用与再创造的灵活机制，贴合我国保护知识产权的精神。《中华人民共和国国民经济和社会发展第十四个五年规划和 2035 年远景目标纲要》指出，"十四五"时期要立足新发展阶段、贯彻新发展理念、构建新发展格局，推动高质量发展的战略导向。要积极促进科技开放合作，实施更加开放包容、互惠共享的国际科技合作战略。在此背景下，中国开放获取出版的发展与世界同步，特别是在论文开放出版和期刊向开放获取转型方面均取得较大进展，并成为未来发展的重要趋势。因此，CC 协议在我国的发展有着重要意义，它为广大愿意与公众分享其知识成果的创造者提供了一种合理而灵活的选择，这有助于形成一种对知识成果的合法共享与再使用，有助于培育对新媒体的发展有着重要意义的"读写文化"。❸

截至 2013 年，使用中国大陆法律文本 CC 协议发布的在线作品已超过 123 万件。中国大陆法律文本 CC 协议的使用者既有国家图书馆、中国科学院国家科学图书馆等机构，也有超星公开课、新浪、网易、腾讯公开课等开放教育资源平台，以及奇迹文库、科学松鼠会等网络社区。此外，国内知名摄影网站新摄影网、又拍网及互动百科等网站都内嵌了使用中国大陆法律文本 CC 协议发布作品的选项，这些网站的用户采用 CC 协议发布了大量作品。❹

（一）CC 3.0 协议中国大陆法律文本

由于 CC 协议是基于美国法律体系构筑的，因此其术语可能无法完美切合其他国家法律。例如，美国最初版 CC 协议中有关责任和保证及免责声明的条

---

❶ 善若水. 数字化时代的知识产权与知识共享国际会议召开[J]. 电子知识产权，2006（4）：5.

❷ 王亚华，陶椰，康静宁. 知识产权强国建设的现实国情研究[J]. 知识产权，2015（12）：17.

❸ 王春燕. 数字时代下知识创新与传播的解决方案[J]. 电子知识产权，2009（6）：35.

❹ 知识共享中国大陆项目团队. 中国大陆法律文本 CC 协议正式从 2.5 版本更新为 3.0 版本. https://creativecommons.net.cn/a-31/. 最后访问日期：2023 年 11 月 6 日.

款，可能导致其协议在德国及大多数欧洲国家的消费合同法中有被认定为无效的风险。而如果许可条款是无效的，那么会进一步引出复杂难题，从而产生法律运行的不确定性，阻止组织和个人使用版权许可。❶随着全球对 CC 协议的兴趣上升，2003 年，知识共享组织推出了国际许可移植项目——知识共享国际。"移植"在这里并不仅意味着翻译，还意味着适应特定司法管辖区的语言和法律，这样做的目的是使 CC 协议适用于世界各地，使它在这些司法管辖区中都有效。除了这些移植版本，CC 组织现在也提供其许可版本的国际版，也称非移植版或通用版。

2010 年，知识共享中国大陆项目团队开始负责 CC3.0 协议的本地化工作，根据著作权法和相关法律法规对协议进行修订，并于 2012 年末正式发布《中国大陆法律文本 CC3.0 协议》❷。本地化的 CC3.0 协议与未本地化的 CC3.0 协议相比，在邻接权、数据库、原始作者、公开传播、著作权管理体系、著作人身权及非限制性条款等方面，根据中国大陆著作权相关法律做了调整。本地化的 CC3.0 协议符合中国大陆的相关法律法规，也和未本地化版或其他司法管辖区的 CC 协议相兼容。❸该协议文本从严（限制条件多）至宽共有 6 种，即 CC BY-NC-ND、CCBY-NC-SA、CCBY-NC、CCBY-ND、CCBY-SA、CCBY。以上协议的效果可参考前文介绍的授权要素理解，附录附有 CC3.0 协议中国大陆法律文本的所有文本，以下简要介绍协议中的重点内容：

第一，CC 3.0 协议中国大陆法律文本明确"本许可为合同"，发布 CC 协议的权利人与使用者之间将形成合同法律关系，受中国合同相关的法律法规约束。

第二，该协议涵盖作品内容宽泛，几乎包括所有《著作权法》保护的作品，有关作品著作权许可的规定也同时适用于制品的邻接权许可。

第三，该协议明确构成汇编作品的作品不视为演绎作品，将汇编作品和演绎作品作概念上的区分，明确允许将协议所涉作品收录汇编作品中。

第四，如果违反该协议约定，使用者所获版权许可自动终止。然而，从使用者处获取汇编作品的下游使用者如完全遵守相关条款的，则权利人对下游使用者的许可不会随之终止。

---

❶ 顾立平，等. 开放内容：知识共享许可实用指南[M]. 北京：科学技术文献出版社，2017：25.

❷ 知识共享中国大陆项目团队. 知识共享中国大陆项目介绍. https://creativecommons.net.cn/about/team/. 最后访问日期：2023 年 11 月 6 日.

❸ 知识共享中国大陆项目团队. 中国大陆法律文本 CC 协议正式从 2.5 版本更新为 3.0 版本. https://creativecommons.net.cn/a-31/. 最后访问日期：2023 年 11 月 6 日.

（二）CC 4.0 协议国际版

CC4.0 协议与 CC3.0 协议相比进行了更多修改，并具有众多优点。CC4.0 协议文字更加清晰易读。同时，CC 4.0 协议在原有的基础上对一些尚未明确的权利做了更为清晰的限定：（1）许可协议更为国际化；（2）对著作权以外的权利尤其是数据库权利进行了明确；（3）对署名要求进行了调整；（4）提升了匿名性；（5）允许 30 天内纠正违反许可证的行为；（6）可读性增加；（7）明确了 BY 和 BY-NC 的区别。❶需要强调的是，CC 4.0 协议并非是对 CC 3.0 协议的迭代，之前适用 CC 3.0 协议发布的作品，不能当然地直接继承性适用 CC 4.0 协议约定的内容，而是应该继续按照 CC3.0 协议操作。

鉴于本书其他章节均以现通行的 CC 4.0 协议为主进行法律阐释，本书附录也附有 CC 4.0 协议国际版所有的中、英文本，故此处不对 CC 4.0 协议作过多介绍。

（三）我国适用 CC 协议的领域及现状

在全球开放科学大趋势下，我国在不断探索开放科学的多种实践形式。在此环境下，开放获取对增进科技成果的曝光率、引用数量及学术影响力和社会影响力具有重要作用。为保护开放出版活动中的作者权益，恰当适用的开放性许可协议很有必要。

我国采用较多的开放性许可协议正是前述较为常见和最为广泛使用的 CC 协议。CC 协议在中国大陆已成为一种富有意义的本地化法律工具，目前已经有大量的中文网站及内容采用了 CC 协议。我国一些致力于科学文献和科学数据开放获取的机构知识库，如中国科学院国家科学图书馆机构知识库，鼓励和支持作品提交者采用 CC 协议的授权模式。又如，部分开放教育资源平台、开放获取资源网站及以用户编辑为基础的百科网站也尝试使用 CC 协议，如奇迹文库、新摄影网、乐乎（Lofter）等博客平台和互动百科。另外，CC 协议在我国香港地区促进了创意产业的发展，在我国台湾地区则在政府公共信息和教育资源开放中起到一定作用。以下重点介绍我国正积极探索和适用 CC 协议的两个论文平台。

1. 中国科学院科技论文预发布平台

中国科学院科技论文预发布平台（ChinaXiv）是按照中国科学院部署，中

---

❶ Creative Commons. What's New in 4.0. https://creativecommons.org/version4. 最后访问日期：2023年11月6日.

国科学院文献情报中心于 2016 年在中国科学院科学传播局支持下建设、按国际通行规范运营的预印本交流平台，是我国落实论文预印本发布、高效传播科学成果的典范。

在开放获取的实现路径方面，ChinaXiv 不要求作者向其转让论文版权，但要求得到发布该论文的永久版权许可。因此，ChinaXiv 的主要关注点在于合法、合规地传播作者提交的论文，主要需要通过协议防范作者无权授权的法律风险。ChinaXiv 明确要求：作者在提交论文时，应确保本人有权许可 ChinaXiv 发布该论文，并且这种许可是非排他性的和不可撤销的。

开放许可协议方面，ChinaXiv 主要适用以下几种：（1）CC BY 4.0；（2）CC BY-SA 4.0；（3）CC BY-NC-SA 4.0；（4）CC0 1.0。ChinaXiv 对以上协议的内容均作了简单描述，本书后文及附录也会作更详细介绍，暂不赘述。同时，ChinaXiv 强调，CC BY 和 CC BY-SA 允许使用者对论文进行商业重利用，可能与一些期刊的协议冲突，提交者需要注意避免冲突。如果提交者想使用其他许可协议，可以在提交论文的过程中选择其他许可协议，并在论文中指出所需的许可协议类型。❶

ChinaXiv 平台发布预印本的右栏会公开同行评议状态和开放许可协议类型（CC BY 4.0，图 1-1）。

图 1-1　ChinaXiv 平台发布的某篇预印本文章❷

❶ ChinaXiv. 中国科技论文预发布平台许可信息声明. http://www.chinaxiv.org/user/license.htm.最后访问日期：2023 年 11 月 7 日.

❷ 顾立平. 公共数据开放利用：用户审查、管理与保密的全生命周期安全视角[J]. 中国科学院科技论文预发布平台，2023 年 11 月 2 日，doi:10.12074/202311.00047V1. 最后访问日期，2023 年 11 月 7 日.

2. 开放获取论文一站式发现平台

开放获取论文一站式发现平台（GoOA）是由中国科学院资助、中国科学院文献情报中心建设并于 2014 年 3 月正式推出的开放资源平台。随着 GoOA 网站影响力与合作不断扩大，截至 2022 年，共有 18 家出版社与 GoOA 签署论文数据合作协议；约 55 家研究所、119 家高校及 7 家公共图书馆、知名出版社和机构网站等在其网站上以开放资源的方式揭示 GoOA，向用户提供开放获取论文发现和获取服务。2021 年该网站全年访问人次达 50 万。❶

GoOA 网站内容遵循 CC BY 3.0 中国大陆法律文本进行许可（标识在网站最底部），但需要提醒的是，其收录的文章并不一定也适用 CC BY3.0 中国大陆法律文本。GoOA 仅提供文章索引，具体文章适用的开放许可协议版本需要点击原文链接或阅读 pdf 版本予以确认。如图 1-2 所示，GoOA 索引出的文章实际适用的协议是 CC BY4.0。

Tianchen He

✉ tianchenhe@hhu.edu.cn

RECEIVED 21 May 2023
ACCEPTED 12 September 2023
PUBLISHED 26 September 2023

CITATION
Zhang Y, Mills BJW, He T, Hu X and Zhu M (2023) Modeling hyperthermal events in the Mesozoic-Paleogene periods: a review. Front. Ecol. Evol. 11:1226349. doi: 10.3389/fevo.2023.1226349

COPYRIGHT
© 2023 Zhang, Mills, He, Hu and Zhu. This is an open-access article distributed under the terms of the Creative Commons Attribution License (CC BY). The use, distribution or reproduction in other forums is permitted, provided the original author(s) and the copyright owner(s) are credited and that the original publication in this journal is cited, in accordance with accepted academic practice. No use, distribution or reproduction is permitted which does not comply with these terms.

Hyperthermal events, which are characterized by rapid and extreme warming, occurred at several points throughout the Mesozoic to Paleogene periods. Model simulation studies have been conducted to investigate the mechanisms behind these events, including the carbon fluxes required to drive observed warming and isotope dynamics, the impact of warming on continental weathering, seawater pH, ocean anoxia, and the mechanism that terminated the warming. Studies using simple box models, Earth system box models, or 3D Earth system models have suggested that warming had a significant biogeochemical impact and would enhance continental weathering, increase ocean anoxia, and drive marine acidification. However, the magnitudes of these impacts remain debated and require further modeling work, as do the reconstructions of carbon fluxes and compositions. This review provides an overview of the current state of knowledge on hyperthermal events and proposes possible modeling development directions to better understand the causes and impacts of these events. Particularly, new long-term 'semi-spatial' Earth system models are promising tools for providing new solutions and perspectives on the biogeochemical responses to warming events and the carbon fluxes behind hyperthermal events from the Mesozoic to Paleogene periods.

KEYWORDS

图 1-2　GoOA 网站索引出的转自其他平台的某篇文章❷

---

❶ GoOA. 关于 GoOA. http://gooa.las.ac.cn/paperc/#/help/help_aboutus. 最近访问日期：2023 年 11 月 7 日。

❷ B J W, He T C, Hu X M, et al. Modeling hyperthermal events in the Mesozoic-Paleogene periods: a review[J]. Frontiers in Ecology and Evolution, Frontiers in Ecology and Evolution, DOI: 10.3389/fevo.2023.1226349. 最后访问日期：2023 年 11 月 7 日.

第二章

CC 协议的法律问题

一、CC 协议的法律性质

CC 协议是基于国际法、国际惯例、美国法律而撰写的,名称本身带有的"许可"(license)词义很容易让人认为其就是传统意义上的一种知识产权许可协议。

但是,其与传统的许可协议存在许多不同。例如,协议不可商讨,CC 协议许可人选定的 CC 版本,被许可人只能选择接受或者不接受,没有传统许可协议关于条款的商讨环节;协议不可撤销,被许可人一旦获得某一 CC 协议许可作品,即使许可人改变主意,并根据 CC 协议停止作品传播、分发,该被许可人依然可以根据 CC 协议中的许可条款使用该作品,除非许可人单独与被许可人进行联系。因此,CC 协议的特性与不同法域存在碰撞,其法律性质并无统一定论。由于暂未发现 CC 协议的相关司法判例,我们可以参考软件开源许可协议的案例讨论 CC 协议的法律性质。

(一)欧美地区对 CC 协议法律性质的界定

1. 美国

美国理论界和司法实务中的争议点主要在于是否认可 CC 协议除了"授权许可"或"许可证"(License)的性质外,还有"合同"(Contract)的属性。

对于"合同"属性的争议点主要在于,许可人和被许可人双方并未对 CC 协议的条文进行具体的协商,但是双方又确实存在要约和承诺,且一般双方均有对价:许可人的对价表现为,允许被许可人自由复制、使用、修改和发布该作品,进而实现其高效传播作品的目的、满足其精神追求;而被许可人的对价则表现为,按照许可人的要求实施某些行为,如 BY,尤其针对具有"传染性"

的开放获取协议，被许可人进一步负有"传染性"义务，即修改之后的软件也必须以同一许可协议作为授权方式将软件继续发布出去。

至少，美国目前主流的观点认为此类许可应被视为合同。例如，康奈尔大学法学院的罗伯特·A.希尔曼（Robert A. Hillman）教授和波士顿大学法学院院长莫林·A.卢尔克（Maureen A. O'Rourke）都认为，尽管开源许可中缺乏考虑因素，但这不应妨碍这些许可被视为合同。这些观点也与美国的司法实践相吻合，美国联邦巡回法院早在 2008 年的 Jacobsen 案❶中就非常明确地指出，其对涉案协议条款的解释是基于州合同法。

2. 欧洲

欧洲法域的观点可以从《欧盟公共许可证》（*European Union Public License*，EUPL）的诞生历史一探究竟。

欧盟委员会根据其法律调研，认为没有发现任何现有的开放许可证符合欧盟委员会的要求，因此编写了符合如下要求的 EUPL：（1）许可证应在多种语言中具有同等法律价值；（2）有关知识产权的术语必须符合欧洲法律的要求；（3）为了在所有成员国都有效，责任限制或保证必须精确，而不是像大多数根据美国法律环境设计的许可证那样，用"在法律允许的范围内"进行表述。

对于其法律性质，EUPL 的指导手册中明确写道："这种许可（如 EUPL）被视为许可人（软件作者）与被许可人（软件使用者）之间的合同。"❷

欧洲法院在涉及 GPL 协议的司法实践中对此观点予以贯彻，典型的案例如德国法院的 Harald Welte❸案。德国司法实践倾向于将 GPL 协议认定为附解除条件的合同，当被许可人未按许可使用条件使用时，合同解除、终止授权，被许可人继续使用作品构成侵权。同时法院明确，GPL 协议中所设定的使用条件的性质为"解除条件"，当被许可人违反该条件时，GPL 协议无效，被许可人的行为便构成侵权，开源软件权利人此时就可以根据德国著作权法提起侵权诉讼。

（二）中国法律对 CC 协议法律性质的界定

中国目前没有法律条文对 CC 协议的性质作出明确规定，但司法实践对 GPL 协议的性质明确过态度。从下面这些相关的司法实践动态发展来看，开源许可

---

❶ *Jacobsen v. Katzer*, 535 F.3d 1373,(Fed. Cir. 2008).

❷ Patrice-Emmanuel Schmitz. European Union Public Licence Guidelines for Users and Developers V.1.1. https://joinup.ec.europa.eu/sites/default/files/inline-files/EUPL%201_1%20Guidelines%20EN%20Joinup. pdf#:~:text=Freedom%20to%20share%2C%20to%20redistribute%20copies%20of%20the,be%20considered%2 0as%20a%20contract%20between%20a%20Licensor. 最后访问日期：2023 年 11 月 6 日。

❸ *Welte v. D-Link Deutschland GmbH*, No 2-6 0 0224/06 (LG Frankfurt) (September 22, 2006).

证或开放获取许可证，包括 CC 协议可以被认为是一种合同。

起初，法院并未对 GPL 协议的性质作明确阐述。在数字天堂诉柚子科技案❶和不乱买公司诉闪亮时尚案❷中，法院通过论述构成侵权的理由，含蓄地表达出 GPL 协议具有法律约束力。在不乱买公司诉闪亮时尚案中，最高人民法院指出，"网站前端代码与后端代码在展示方式、所用技术、功能分工等方面均存在明显不同，属于既相互独立，又互相联合的独立程序，即便前端代码使用了 GPL 协议项下的开源代码，后端代码也不受 GPL 协议约束，未经许可复制后端代码仍构成侵害软件著作权"。言外之意，侵权人的前端代码使用 GPL 协议，而该协议具有法律效力，进而该部分代码不构成侵权。

待我国司法实践发展到罗盒公司诉玩友公司案❸，GPL 协议有了明确的法律定位。广州知识产权法院直接对诉争协议作如下认定："第一，协议的内容具备合同特征，属于广义的合同范畴……。第二，协议是非典型合同……。第三，协议是格式合同……。第四，对协议的承诺是通过行为作出……综上，GPLV3 协议具有合同性质，是授权方和用户订立的格式化著作权协议，属于我国合同法调整的范围。"

非常有趣的是，三个案例的案由并不相同：罗盒公司诉玩友公司案和不乱买公司诉闪亮时尚案的案由为"侵害计算机软件著作权纠纷"，而数字天堂诉柚子科技案的案由为"著作权合同纠纷"。可见，我国司法实践对于被许可人违反开源协议约定属于违约行为还是侵权行为，尚未有明确的回答。

但至少可以确认的是，我国司法实践对于违反开放获取协议约定而传播他人作品的行为持否定态度。本书认为，可以将 CC 协议的本质看作著作权人、邻接权人将其相关权利附解除条件地许可给不特定公众的格式化著作权许可使用合同。

二、正确适用 CC 协议的法律效果

（一）尽力避免著作权侵权责任

在英语中，"开放"起初对应的单词是"free"，意味着自由，但正所谓"Free is not free"，"开放"的自由精神并不意味着免费、没有对价，为防止许可双方对"free"作狭义的理解，英语最终使用"Open"作为"开放"。由于公众对 CC 协议本质的误解及对其中法律约束力的忽视，中国目前出现了不少关于开源软

13

---

❶ 北京高级人民法院（2018）京民终 471 号民事判决书。

❷ 最高人民法院（2019）最高法知民终 663 号民事判决书。

❸ 广州知识产权法院（2019）粤 73 知民初 207 号民事判决书。

件的法律纠纷，司法实践表明，未遵守开源协议约定的使用者会面临违约责任或者侵权责任。

例如，在罗盒公司诉玩友公司案中，法院认为，违反开源软件许可协议的行为存在违约救济和侵权救济两种方式，这两种救济方式虽然在某种程度上都可以弥补权利人的损失，但两种救济方式的形式和力度均有差别，简言之，违约纠纷的损害赔偿责任范围小于侵权纠纷的损害赔偿责任范围。违约纠纷中，守约方的法律救济措施主要继续履行协议和违约金赔偿，侵权责任的受害人的法律救济措施除停止侵害、损害赔偿、恢复原状等外，还包括临时禁令救济措施。因此，违反开源许可协议可以寻求违约救济或者侵权救济，两者竞合，由当事人自行选择。

本书认为，正确认识 CC 协议这类开放获取协议的效力，是期刊社合规工作必不可少的一环。正确使用 CC 协议可以在传播具有科研价值文章的同时，避免相关的法律责任。建议从如下几个法律角度认识 CC 协议。

1. 识别 CC 协议

不同于传统的合同条款的协商与确认，也不同于互联网传统的"用户协议"弹框，CC 协议一般是通过标注相应的标识释明许可内容的，如"CC 协议官网"（图 2-1）。因此被许可人需要对 CC 协议有一定的认识，并通过对网页中出现的相关标识进行判断。对于纸质出版物，官方也提供了印刷的参考文档。❶当然，权利人也可以选择通过释明完整的许可协议，或者将许可协议转换为机器可读的形式进行释明。❷

除非另有声明，本网站采用知识共享"署名 3.0 中国大陆"许可协议授权。
京ICP备17059389号-1

图 2-1　CC 协议官网标注的标识

根据CC协议的要求，许可人需要以恰当的方式附加可访问的CC协议原文。知名索引机构瑞典开放存取期刊目录（Directory of Open Access Journds，DOAJ），建议开放获取期刊社将开放获取的声明具体内容放置在文章页面显著位置❸，国

---

❶ 知识共享中国大陆项目团队. 印刷素材. https://creativecommons.net.cn/presskit/. 最后访问日期：2023 年 11 月 6 日.

❷ 知识共享中国大陆项目团队. 许可协议说明. https://creativecommons.net.cn/licenses/licenses_exp/. 最后访问日期：2023 年 11 月 6 日.

❸ DOAJ. Copyright and Licensing – Part 1. https://blog.doaj.org/2015/05/19/copyright-and-licensing-incompatibility-part-1/. 最后访问日期：2023 年 11 月 6 日.

际出版伦理委员会（Committee on Publication Ethics）制定的《关于学术出版的透明性原则和最佳实践》也要求"许可证信息必须清晰地在网站上描述"，"如果适用 CC 协议，应附上 CC 协议对应版本的链接"❶。因此，期刊社工作人员在对 CC 协议具有一定认识的基础上，一般施以正常的注意力便能够识别文章是否适用 CC 协议及其具体的"转载要求"。

2. 认清 CC 协议中的义务

科技期刊文章的权利人在选择 CC 协议的时候，一般是通过投稿平台，根据自己对 BY、NC、ND、SA 等授权要素的需求，按照指引选择协议的。

因此，使用者（被许可人）需要了解这些标识的内涵，从而倒推许可人对使用行为具体作了哪些限制，如 ⓘⓢⓔ 表示 BY-NC-SA。一般声明适用 CC 协议的作品旁都会附上协议内容的超链接，方便公众了解其适用的 CC 协议版本及具体内容，本书附录亦摘译了 CC4.0 协议各版本文本，可供读者参考。

3. 了解 CC 协议与国内法之间的优先级

CC4.0 协议各版本第八条："本公共许可协议条款不构成、也不得被解释为限制或者放弃适用于许可人或您的特权或豁免，包括豁免于任何司法管辖区或行政机构的法律程序。"因此，虽然 CC 协议原则上适用于全世界范围，但是它无法凌驾于司法管辖区的司法主权之上。如前所述，中国大陆地区对 CC 3.0 协议进行了本地化，而 CC 4.0 协议具备国际化、通用化的特点，所以 CC 4.0 协议不会再进行本地化——这就存在分属不同国家的许可人、被许可人，基于各自国内的著作权法律来理解、解释 CC 4.0 协议的可能。为了正确适用 CC 协议，本书建议在理解 CC 协议文本的同时，与各国著作权法律法规作交叉理解，尤其关注当地法律是否具有特殊规定。

4. 正确看待 CC 协议对规避风险的作用

坦然而言，即使期刊社工作人员花费精力，深入地认识、学习了 CC 协议，并且正确地运用了 CC 协议，依然不能完全避免侵权行为。这主要是因为，有效的 CC 协议仅能排除许可人和被许可人之间的法律责任，但 CC 协议无法从源头上保证许可人即是作品或制品的权利人。

相比于具备权利公示性的专利或商标，自创作完成之时即取得保护的著作权具有一定隐蔽性，任何国家的任何版权登记机构也无法确保前来登记的版权人就一定是作品的合法登记者。因此，我们无法苛求 CC 协议担保许可人必然

---

❶ COPE. Principles of Transparency and Best Practice in Scholarly Publishing. https://publicationethics.org/resources/guidelines/principles-transparency-and-best-practice-scholarly-publishing. 最后访问日期：2023 年 11 月 6 日.

有权对使用者按照协议"发放许可证"。换句话说，恶意将他人作品声称为自己的作品，并进行版权登记、发表期刊、声明 CC 协议的情况必然存在，科技期刊领域是如此，文学艺术领域更是如此。因此，我们需要正确看待 CC 协议对规避风险的作用，正确使用 CC 协议绝不意味着一定不会侵犯他人权利。

那么，是否意味着学习并使用 CC 协议的价值寥寥呢？答案当然是否定的，我国《著作权法》第五十九条规定了"合法来源抗辩"规则——复制品的出版者、制作者不能证明其出版、制作有合法授权的，应当承担法律责任。换句话说，如果复制品的出版者、制作者能够证明其出版、制作有合法授权，则无需承担法律责任。具体而言，这里的法律责任是指赔偿责任，无论如何，行为人还是需要承担停止侵权的法律责任。

虽然"合法来源抗辩"规则强调适用主体为"复制品"的出版者、制作者，但信息网络传播者（即在网络上发布论文的发布者）理应也可以适用该规定。根据参与立法者的介绍[1]，该规则源自《与贸易有关的知识产权协议》（TRIPs）的第 45 条："司法当局有权令故意从事侵权活动或有合理的根据知道是在从事侵权活动的侵权人就因侵权人对权利所有人知识产权的侵犯而对权利所有人造成的损害向其支付适当的补偿。"[2]从 TRIPs 的规定来看，"合法来源抗辩"本质上是对主观过错影响赔偿责任的规定，善意地正确使用 CC 协议转载他人作品，即使发布在网络上，理论上依然可以免除赔偿责任。

我国已有法院支持此观点，在赫斯汀服饰案中，浙江高级人民法院认为，合法来源抗辩系民法过错责任的具体化，在判断销售被诉侵权服装的行为是否具有合法来源的同时，也应当审查通过信息网络传播被诉侵权服装图片的行为是否存在过错。在被诉侵权服装来源于他人的前提下，原告未能证明被告在销售被诉侵权服装和展示被诉侵权服装图片的过程中存在主观过错，故被告无须承担损害赔偿责任。[3]

综上，尤其是大多数学术观点交流发达的国家均加入了 TRIPs，受其约束，我们应当认识到，正确使用 CC 协议并不能完全规避法律风险，但可以将可能面临的法律风险降至最低。毕竟，期刊社应当重视避免法律风险，但却也不可因此故步自封，忘记传播科学知识的使命和价值。

---

[1] 陈锦川. 信息网络传播权适用合法来源抗辩吗？. "知产财经"微信公众号（2023 年 5 月 5 日）. 最后访问日期：2023 年 5 月 5 日.

[2] 世界知识产权组织. 与贸易有关的知识产权协议（TRIPS 协议）（2017 年 1 月 23 日修正，中文）. https://www.wipo.int/wipolex/zh/treaties/textdetails/18587http://sms.mofcom.gov.cn/article/wtofile/201703/20170302538505.shtml. 最后访问日期：2024 年 10 月 23 日.

[3] 浙江高级人民法院（2022）浙民申 4996 号民事裁定书。

（二）区分 CC 协议效果与著作权 "合理使用"

1. 著作权法下 "合理使用" 的定义

1803 年，*Cary v. Kearsley*❶案中，英国法官罗德·艾伦伯度（Lord Ellenborough）开始探讨作品的合理使用（Used fairly），并指出合理使用意味着通过引用他人作品以创造出属于引用者自己的新作品。合理使用制度的推出正是基于公共政策的考虑，著作权法一方面要鼓励人们进行积极创造，另一方面也要满足社会对知识和信息的需要，因此在一定条件下应该允许他人不经许可使用，甚至可以无偿使用作品。❷

我国《著作权法》第二十四条❸对 "合理使用" 他人作品的情形进行了规定，在该条规定的情况下使用作品或制品，可以不经权利人许可且不向其支付报酬，但应当指明作者姓名或者名称、作品名称，并且不得影响该作品的正常使用，

---

❶ *Cary v. Kearsley* (1803) 170 Eng. Rep. 679, 680; 4 Esp. 168, 171.

❷ 王迁. 知识产权法教程，中国人民大学出版社，2021. 283.

❸《著作权法》。

第二十四条："在下列情况下使用作品，可以不经著作权人许可，不向其支付报酬，但应当指明作者姓名或者名称、作品名称，并且不得影响该作品的正常使用，也不得不合理地损害著作权人的合法权益：

（一）为个人学习、研究或者欣赏，使用他人已经发表的作品；

（二）为介绍、评论某一作品或者说明某一问题，在作品中适当引用他人已经发表的作品；

（三）为报道新闻，在报纸、期刊、广播电台、电视台等媒体中不可避免地再现或者引用已经发表的作品；

（四）报纸、期刊、广播电台、电视台等媒体刊登或者播放其他报纸、期刊、广播电台、电视台等媒体已经发表的关于政治、经济、宗教问题的时事性文章，但著作权人声明不许刊登、播放的除外；

（五）报纸、期刊、广播电台、电视台等媒体刊登或者播放在公众集会上发表的讲话，但作者声明不许刊登、播放的除外；

（六）为学校课堂教学或者科学研究，翻译、改编、汇编、播放或者少量复制已经发表的作品，供教学或者科研人员使用，但不得出版发行；

（七）国家机关为执行公务在合理范围内使用已经发表的作品；

（八）图书馆、档案馆、纪念馆、博物馆、美术馆、文化馆等为陈列或者保存版本的需要，复制本馆收藏的作品；

（九）免费表演已经发表的作品，该表演未向公众收取费用，也未向表演者支付报酬，且不以营利为目的；

（十）对设置或者陈列在公共场所的艺术作品进行临摹、绘画、摄影、录像；

（十一）将中国公民、法人或者非法人组织已经发表的以国家通用语言文字创作的作品翻译成少数民族语言文字作品在国内出版发行；

（十二）以阅读障碍者能够感知的无障碍方式向其提供已经发表的作品；

（十三）法律、行政法规规定的其他情形。

前款规定适用于对与著作权有关的权利的限制。"

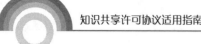

也不得不合理地损害著作权人的合法权益。

对于"合理使用"的判断，国际司法实践存在判断使用情形是否合理的"三步检验标准"和"四要素标准"的两分格局❶。在 2022 版《中华人民共和国著作权法实施条例》第二十一条引入了三步检验法，大意为（1）在特殊情况下作出；（2）与作品的正常利用不相冲突；（3）凡能够带来较大经济利益、对作者较为重要的权利，应留给作者行使，不能借由"合理使用"影响到作者的正常利用。而"四要素标准"在我国没有明确的法律依据，但并未妨碍其在实践中的适用。在司法政策方面，2011 年颁布的《最高人民法院关于充分发挥知识产权审判职能作用推动社会主义文化大发展大繁荣和促进经济自主协调发展若干问题的意见》第八条❷应是借鉴了"四要素标准"，即"使用行为的性质和目的"，"被使用作品的性质"，"被使用部分的数量和质量"，"使用对作品潜在市场或价值的影响"，可以作为判定合理使用的情形，同时补充要求不得影响该作品的正常使用，也不得不合理地损害著作权人的合法权益。

2. CC 协议与"合理使用"

如前所述，在我国的司法实践中，CC 协议可以参照适用合同的法律法规，其无法排除著作权法有关"合理使用"的规定，如 CC4.0 协议第二条第 a 款第二项所规定的，"若权利的例外和限制适用于您对授权作品的使用，本公共许可协议将不适用，您也无须遵守本公共许可协议之条款"。因此，在创作文章的过程中，如果引用他人观点作为说理的论据，并规范地标注了出处，则这样使用他人作品的行为属于《著作权法》第二十四条第一款第（二）项规定的"适当引用"，本身不需要取得权利人的许可，自然也无适用 CC 协议的必要性。

同样地，《署名协议 3.0 中国大陆法律文本》（CC BY 3.0CN）中第二条有阐述其与法律规定下"合理使用"的关系为"本许可无意削减、限制或约束您基

❶ 王怡涵. 三步检验法"的理论研究和本土借鉴——以著作权法第三次修改为背景[J]. 传播与版权，2021（9）：119.

❷《最高人民法院关于充分发挥知识产权审判职能作用推动社会主义文化大发展大繁荣和促进经济自主协调发展若干问题的意见》第 11 条：妥当运用著作权的限制和例外规定，正确判定被诉侵权行为的合法性，促进商业和技术创新，充分保障人民基本文化权益。正确认定合理使用和法定许可行为，依法保护作品的正当利用和传播。在促进技术创新和商业发展确有必要的特殊情形下，考虑作品使用行为的性质和目的、被使用作品的性质、被使用部分的数量和质量、使用对作品潜在市场或价值的影响等因素，如果该使用行为既不与作品的正常使用相冲突，也不至于不合理地损害作者的正当利益，可以认定为合理使用。对设置或者陈列在室外社会公共场所的艺术作品进行临摹、绘画、摄影或者录像，并对其成果以合理的方式和范围再行使用，无论该使用行为是否具有商业目的，均可认定为合理使用。

于《中华人民共和国著作权法》或其他相关法律有关著作权保护的限制或例外的规定对本作品的合理使用"。其他开放性许可协议也是类似的规定,如《GPL3.0协议》第二条"基本许可"载明:"本协议认可您合理使用或版权法规定的其他类似行为的权利。"

综上,期刊社工作人员需要注意的是,学习并使用 CC 协议并不会对传统的文章注引体系造成冲击,并非使用了他人的表达就必须使用 CC 协议。对期刊社而言,CC 协议的主要应用场景在于全文转载、翻译并传播译文及使用他人摄影作品、美术作品作为配图。

三、错误适用 CC 协议的法律责任

(一)不享有著作权则声明的 CC 协议无效

由于 CC 协议本身并不包含相关机构对 CC 协议许可人著作权的审查,知识共享组织也不会作出任何担保,因此如果产生纠纷,许可人仍然需要证明其为著作权人,否则 CC 协议就会变成"无源之水""无本之木",在实质上无效。

在罗盒公司诉玩友公司案中,法院在认定的第一部分就论述了"罗盒公司是否为涉案 Virtual App 软件的著作权人"。根据相关法律规定,可以通过署名或者其他相关原件、证书证明著作权人的身份。例如,《计算机软件保护条例》第九条规定:"软件著作权属于软件开发者,本条例另有规定的除外。如无相反证明,在软件上署名的自然人、法人或者其他组织为开发者。"《最高人民法院关于审理著作权民事纠纷案件适用法律若干问题的解释》第七条第一款规定:"当事人提供的涉及著作权的底稿、原件、合法出版物、著作权登记证书、认证机构出具的证明、取得权利的合同等,可以作为证据。"

在罗盒公司诉玩友公司案中,原告作为权利基础的软件既包含自己的创作,又包含他人在先的开源代码,属于"演绎作品"。按照常理,原告如主张被告侵害其整个软件的所有代码,则还需要证明提起该案诉讼经过了开源人(许可人)的同意。因此,谁才是有权起诉的主体成为法院的论述重点之一。该案法院采取了考虑实践可操行原则的态度:"开源软件项目的贡献者往往人数众多,互不相识且散布于全球各地,只要项目保持开源则贡献者数量会持续动态地增加。即使涉案软件属合作作品,就在案证据难以查清所有权利人的基本情况下,若开源项目要求必须经过所有贡献者的授权才能提起诉讼,那么将导致开源软件维权无从提起。"

实践中,也的确有个人随意上传他人作品,并将其标注为 CC 协议作品,

使得被许可人在使用时引发侵权，这是包括 CC 协议在内的所有开放获取协议客观的法律风险，无法完全避免。但如前所述，如果我们可以正确适用 CC 协议，则存在"合法来源抗辩"的可能，从而避免赔偿责任。而错误适用 CC 协议，或误认为 CC 协议的许可人不会对我们采取法律行动而怠于落实 CC 协议，则会面临许可人或真正的权利人追究赔偿的法律风险。

（二）未遵守 CC 协议条件的后果

对于被许可人而言，如果在使用 CC 协议下的作品时违反了许可协议条款，则 CC 协议自动终止，也即被许可人不再有权继续使用该作品，其继续传播的行为就变成侵权行为。

而对于许可人而言，除了要受到 CC 协议中"授权条件"的限制，其实也需要参考使用地的法律规定。例如，较为特殊的 CC0 协议，许可人可以依据该协议声明放弃一切权利，但依据我国《著作权法》的规定，作品的署名权、修改权等著作人身权由作者专属享有，是不能放弃和转让的。因此对于许可人，即使全部遵守了 CC 协议的条件，也存在 CC 协议部分无效的可能。

（三）CC4.0 协议允许纠正的"宽限期"

有时由于传播环境的变化，被许可人使用 CC 协议项下作品时"不小心"违背了授权条件，那么是否当然就导致违反 CC 协议从而构成侵权呢？如果 CC 协议使用的是 3.0 版本，则其回答是肯定的，许可人有权开始维权，但 CC4.0 协议对此问题作出优化，并设定了"宽限期"。

CC4.0 协议第六条 b 款规定："当您使用本授权作品的权利根据第六条 a 款而终止时，您的权利在下述情况下恢复：1. 自违反协议的行为纠正之日起自动恢复，但须在您发现违反情形后 30 日内纠正；或 2. 根据许可人明示恢复权利的意思表示。"也就是说，如果被许可人在被发现违反 CC 协议起的 30 天内纠正了错误，就会自动恢复许可权。但在 CC3.0 协议及更早版本的许可协议中，许可权并不会自动恢复。

一个值得进一步思考的问题是：如果被许可人失去了 CC 协议许可的权利，被许可人是否可以通过简单地重新下载作品、履行 CC 协议从而获得新的许可呢？从"根据许可人明示恢复权利的意思表达"的表述来看，如果被许可人没有在宽限期内纠正错误，那么重新获得许可只能是经过许可人的明示恢复意思表达，否则宽限期的设置也形同虚设。设置 CC 协议的知识产权共享组织也在其官网问答中明确："如果您已经失去了 CC 协议的使用授权并且已无权触发自动恢复，您可以在许可人明确授予的情况下重新获得授权，您不得简单地通过

重新下载素材来获得一份新的授权。"❶

（四）责任承担时应选择对应国家的法律条文

为了更好地适用于世界各司法管辖区，CC 协议并没有对责任承担作出任何相关规定，需要参照被使用国当地的法律法规。因此，如果适用我国法律对相关纠纷进行处理，将适用《著作权法》第五十四条，即："侵犯著作权或者与著作权有关的权利的，侵权人应当按照权利人因此受到的实际损失或者侵权人的违法所得给予赔偿；权利人的实际损失或者侵权人的违法所得难以计算的，可以参照该权利使用费给予赔偿。对故意侵犯著作权或者与著作权有关的权利，情节严重的，可以在按照上述方法确定数额的一倍以上五倍以下给予赔偿。权利人的实际损失、侵权人的违法所得、权利使用费难以计算的，由人民法院根据侵权行为的情节，判决给予五百元以上五百万元以下的赔偿。"

在我国司法实践中，侵害著作权导致的权利人损失或者侵权人因侵权所获利益往往难以计算，权利使用费即许可费标准的适用也非常罕见，需要权利人恰好就该作品在类似地域许可给类似行业的被许可人，且需要许可的范围、权利内容、时间期限比较相似。因此，大多数著作权纠纷的赔偿是根据侵权性质、侵权人的主观故意等因素酌定的，如果作品内容比较简单、商用范围不广，则判赔额普遍较低。同理，期刊社的传播渠道、传播环境及商业利益等因素均有限，因错误适用 CC 协议所导致的赔偿责任将相对其他行业较低。但即便如此，考虑到科技期刊社一般并非以营利为主要目的，这样的赔偿责任在科技期刊社内部绝非可以忽略的小事，依然需要科技期刊社对开放获取的版权合规工作给予足够的重视。

21

---

❶ Creative Commons. Frequently Asked Questions. https://creativecommons.org/faq/#how-can-i-lose-my-rights-under-a-creative-commons-license-if-that-happens-how-do-i-get-them-back. 最后访问日期：2023年 11 月 6 日.

第三章

CC 协议的类型及其含义

CC 协议所实现的著作权许可公示依赖于三层架构模型，包括法律码（the Legal Code）、普通文本（the Commons Deed）和数字码（the Digital Code）。❶法律码便是 CC 协议的法律文本（详见附录），原则上具有法律效力，是创作者主张权利的依据，在用户不遵守协议的情况下可作为提供司法救济的基础。由于大多数的创作者、教育家和科学家并不一定理解法律文本，故知识共享组织还提供了协议的普通文本，其中总结和表达了一些最重要的条款和条件，适用于没有法律背景的创作者阅读。另外，该模型还向著作权人提供了数字码，以便促进作品的扩散和使用，并有利于用户在网络上搜索 CC 协议作品。总体来看，CC 协议的法律文本是该许可方式运作的核心。

一、CC 协议的四项构成要素

根据我国《著作权法》的规定，一般的著作权许可使用合同至少包括许可使用的权利种类、专有使用权与否、许可范围、许可期限、付酬内容及违约责任等。CC 协议的主要条款就是围绕著作权的利用展开的。采用 CC 协议即意味着作者在保留版权的同时允许他人复制、传播和使用其作品，有利于作品在一定限制条件下的传播，而这里所述"限制条件"即 CC 协议的构成要素。

（一）BY

本书附录所附 CC4.0 协议的译文文本中，第三条 a 款为"署名"的相关内

---

❶ Creative Commons. Licenses List. https://creativecommons.org/licenses/. 最后访问日期：2023 年 11 月 7 日。

容署名（Attribution），简称 BY（根据西方署名习惯，署名位置前会注明"BY"）。若作者在采用 CC 协议时指定保留署名的权利，则意味着其他人在使用该作品时，可以自由地通过复制、发行、展览、表演、放映、广播或通过信息网络传播等方式使用作品，但在使用过程中必须按照作者或者许可人指定的方式对作品进行署名。我国《著作权法》中的署名权与之关系紧密，署名权是著作权权利体系中最基础的权利，也是认定作品权利归属的直接参考因素。在我国，署名作为推定作者身份的初步证据具有很强的证明力。署名权为作者带来了极强的精神激励，保留署名权这一选项可以被认为是 CC 协议快速传播和应用的基石。

此外，虽然该构成要素"Attribution"被译为署名，其需要关注的要素不仅是作者姓名。根据《落实署名的最佳示范》，完整的署名建议关注四个方面，称为"TASL"❶。

（1）标题（Title）。除非所使用的作品本身并无标题。该方面在 CC3.0 协议及以前的版本是强制要求，在 CC4.0 协议时代变为一种"倡议"。

（2）作者（Author）。CC 协议不强迫使用者去调研作品真正的作者是谁，一般而言，发布 CC 协议的权利人即作品的作者，按照发布者的要求对作者身份进行标注即可，无论发布者是自然人、法人机构，无论发布者要求标注的是笔名、艺名抑或不署作者姓名。

（3）出处（Source）。由于 CC 协议是数字时代的开放许可协议，其作品的原始出处大多存在于网络空间，因此建议标注该作品可访问的最原始超链接或者整个统一资源定位符（URI）。例如，有人在平面杂志上使用来自 Flickr❷的照片，打印完整的链接到源图片的 Flickr URI 就能遵循义务，从而使读者找到源图片。

（4）许可内容（License）。即标明该作品所使用的 CC 协议版本，并最好附带此版本的原文链接，还建议顺带标注免责声明，即不对作品不会产生任何法律纠纷做任何保证。

同时，CC 协议在此处还要求使用者注明是否修改作品并保留任何修改标记，其目的主要在于维护原作者的声誉。如果任由每个人对作品进行随心所欲的修改，可能会出现原作者不希望与之相关的修改版本产生任何关联的情形，比如他们对修改版的格式或质量不满意。此外，这项规定还确保了作品的版本在任何时候都可以被准确追踪，这对于多个作者共同参与的项目来说尤为重要，

---

❶ https://wiki.creativecommons.org/wiki/Best_practices_for_attribution. 最后访问日期：2023 年 11 月 6 日.

❷ Flickr 是雅虎旗下图片分享网站，网址：http://blog.flickr.net/en。

如维基百科。

（二）NC

本书附录所附 CC4.0 协议（含 NC 版本）的译文文本中，第二条 a 款包含"非商业性使用"的相关内容。若作者在采用 CC 协议时指定保留 NC 的权利，则意味着其他人可以自由复制、散布、展览及表演该作品，但不得出于商业目的使用。

根据 CC4.0 协议（含 NC 版本）第一条的定义，非商业性使用指的是："使用的主要意图或者指向并非获取商业优势或金钱报酬。为本公共许可协议之目的，以数字文件共享或类似方式，用授权作品交换其他受到著作权与邻接权保护的作品是非商业性使用，只要该交换不涉及金钱报酬的支付。"其中，知识共享组织认为，"主要"一词指任何活动都无法与商业活动脱节，需考虑的仅是主要目的。需要注意的是，这并不取决于使用者的性质，即使是非营利性机构或慈善组织，其对 NC 授权作品的使用仍可能构成商业性使用，即使是营利性机构，其使用 NC 授权作品也不必然构成商业性使用，是否构成商业性使用取决于具体情况及使用者的意图（the intentions of the user）。同时，其明确点对点网络文件共享被认为是非商业性的。知识共享组织指出，对于部分模糊地带，无法给出具体判断标准，如果使用者并不确定其使用行为是否构成商业性使用，建议其联系权利人或寻找可替代的允许商业性使用的作品。

2008 年，知识共享组织进行了一个调查，研究使用者和作者对"非商业性使用"的理解。调查结果显示，作者和使用者总体上对商业和非商业条款在一般意义上有共识。但是，关于边缘个案和具体问题，研究结果并不十分明确。例如，调查结果显示，相对于权利人，使用者往往更限制性地理解"非商业性使用"，从而希望更多地利用作品。当然，调研无法完全代表所有现实中的情形，该研究结果尚不能作为解释法律效力的依据。不过，紧接着，知识共享组织还是提供了一份简要指南作为指引，其中指出：（1）NC 要素不限制构成合理使用、法定许可等类型的使用；（2）NC 要素仅限制使用者的行为，不限制权利人的行为，权利人可以在将 NC 要素适用于作品的情况下将该作品商业授权给他人以获得报酬；（3）NC 要素是非排他性的，使用者始终可以联系权利人，请求将作品用于商业用途。❶

（三）ND

本书附录所附 CC4.0 协议（含 ND 版本）的译文文本中，第二条 a 款包含"禁止演绎"的相关内容。若作者在采用 CC 协议时指定保留禁止演绎的权利，

---

❶ Creative Commons. Frequently Asked Questions. https://creativecommons.org/faq/#does-my-use-violate-the-noncommercial-clause-of-the-licenses. 最后访问日期：2023 年 11 月 7 日。

则意味着他人在复制、散布、展示及演出该作品时不得对作品进行演绎，基本只能按照作品原有内容进行转载。而 CC 4.0 协议以前的版本仅在构成著作权的例外或限制时允许利用 ND 协议作品创作演绎作品。

我国《著作权法》中并未明确规定演绎权，而对应规定了摄制权、翻译权和改编权。按照学理上的通常理解，演绎是在原作品的基础上进行再创作，在保持原有作品基本表达的前提下，形成符合独创性要求的新表达、新作品。在 CC 协议的语境中，演绎行为的定义似乎更为广泛，包括对原作品进行重混、剪辑、改写、改编等行为，但要认识到，由于 CC 协议文本更多地面向非版权法律从业人员，因此其用语倾向于朴素、易懂，然而实质上这些行为在我国的法律含义都指向且只能指向摄制权、翻译权和改编权。实践中，这些演绎行为是作品再创作、焕发活力的重要渠道，也是作者获取高额利益的作品利用选项，尤其当下"漫改""文字作品影视化""游戏 IP 改编""片段混剪"等作品改编形式风靡及粉丝经济勃发，向他人许可上述演绎的权利可以为原创作品的作者带来巨大收益。

对使用 CC 协议的作者而言，其可结合自身需求和目的，决定是否允许他人对其作品改编。但当作者选择了"ND"时，作品使用者只能对作品进行原封不动的转载或摘取原作品的部分内容进行转载，否则行为人需承担侵权责任，属于合理使用或者法定许可的情形除外——同时这也意味着，如果是对作品进行汇编，则不属于此处"改动"意义上的演绎行为，我们可以对具有 ND 构成要素的作品进行汇编。知识共享组织指出，将作品囊括在选集、百科全书和广播等集合中，此种集合就不构成原作品的演绎作品，或者将作品以另一种格式（format）呈现也不违反 ND 的要求。例如，即使创作者以数字格式分发作品，使用者也有权打印和共享同一作品的硬拷贝。❶

此外，ND 所禁止的是产生新的作品意义上的演绎行为，而并不是简单地修改、校对等，因为即使是适用 ND 构成要素的 CC 协议，依然约定"表明您是否修改了本授权作品及保留任何先前修改的标记"（第三条 a 款第 1 项第 B 目）。

（四）SA

本书附录所附 CC 4.0 协议（含 SA 版本）的译文文本中，第三条 b 款包含"相同方式共享"的相关内容。若作者在采用 CC 协议时指定保留 SA 的权利，则意味着作者允许他人对其作品进行演绎创作——这一点和禁止他人演绎创作的 ND 构成要素完全相反，但是 SA 要求演绎后形成的作品需要使用与原作品相

---

❶ Creative Commons. Frequently Asked Questions. https://creativecommons.org/faq/#does-my-use-violate-the-noncommercial-clause-of-the-licenses. 最后访问日期：2023 年 11 月 7 日。

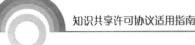

同的 CC 协议或相互兼容的开放获取协议。

对原作品进行演绎后将形成演绎作品，这是一个新的作品，其作者为演绎者而非原作者。根据著作权法的规定，演绎作品著作权的行使不得损害原作品的著作权，演绎作者只能在原作者许可的范围内行使演绎作品的著作权，还应向原作品作者支付相应报酬。作者采用 CC 协议时声明 SA，一定程度上保留了上述权利，即作者允许他人对原作品进行演绎，但演绎作品必须使用与原作品相同的 CC 协议，也就是说，演绎作品也要以同样的方式进行知识共享。此项声明可以有效防止他人通过演绎创作的方式将原作者共享的智力成果"据为己有"，从而违背原作者选用 CC 协议的初衷。

因为 ND 禁止演绎，而 SA 明确允许演绎但必须以相同方式共享，所以二者相互矛盾，无法共存。作者在采用 CC 协议时无法同时主张 ND 和 SA，只能二者择一或都不主张。

二、CC 协议基本类型的组合

根据 CC4.0 协议的相关规定，作者在选用 CC 协议时可以根据其需要选用不同的协议组合。除去不保留任何权利的 CC0 协议，与 CC3.0 协议的组合方式相同，CC4.0 协议的四项构成要素共形成 6 种组合，对应 6 个版本的协议。

在组合中，包含哪项构成要素即相应代表作者声明保留何种权利，或者说对使用者施加了何种限制。其中，署名是最基本的权利，任何组合中都需要包含该项；禁止演绎和相同方式共享存在冲突，因此不存在同时包含二者的组合。

以下将依次介绍各组合的具体含义，以及本书提供的假想案例。

（一）CC BY

这是最为宽松的 CC 协议版本，它将授予使用者无限制的、不可撤销的、免费的、世界范围内的、无期限限制的使用权，任何人都能以任何方式、出于任何目的使用授权作品，即作者允许他人对自己享有著作权的作品及演绎作品进行复制、发行、展览、表演、放映、广播或通过信息网络向公众传播。唯一的要求是，承认作者和其他各方贡献并保留版权和许可声明。根据调研，CC BY 在开放获取学术期刊中的使用量逐渐增长，直至占比最大。❶

---

❶ 中国科学技术协会和国际科学，技术与医学出版商协会. 中国开放获取出版发展报告 2022，P17. https://www.cast.org.cn/xs/XGTJ/xzzx/art/2022/art_7b4886e15ab64813b8b55555679cd610.html. 最后访问日期：2023 年 11 月 6 日.

假想案例

专业的开放获取期刊 PLoS ONE（美国科学公共图书馆下属期刊）在其网站上发布了一篇名为 *Edible flora in pre-Columbian Caribbean coprolites: Expected and unexpected data* 的文章（图 3-1），由多位作者共同创作完成，声明采用 Creative Commons Attribution License，即 CCBY。

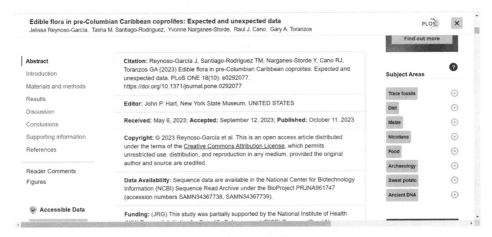

图 3-1　PLoS ONE 上一篇文章声明采用 CC Attribution License

资料来源：REYNOSO-GARCÍA J, SANTIAGO-RODRIGUEZ T M, NARGANES-STORDE Y, et al. Edible Flora in Pre-Columbian Caribbean Coprolites: Expected and Unexpected Data[J]. PLoS ONE, 2023, 18(10): e0292077. https://doi.org/10.1371/journal.pone.0292077.

小红在浏览网页时读到了这篇文章，认为它写得很有道理，便决定转载这篇文章。她对文章中的重要内容进行了节选，对文本内容进行翻译并加入了一些自己的思考，在文末写明了原文的作者、期刊、来源网站及适用的 CC BY 4.0 协议，将其发布于她的微信公众号上。小红的文章发布后成为了朋友圈爆款，超高的阅读量为她带来了一些收益。由于原作者在发布原作品时声明采用的是 CCBY，小红已经按照要求进行了署名，因此她对该文章的转载、删减、翻译及后续获得商业利益等行为都是合法的。

（二）CC BY-NC

在署名的基础上，作者增加了对商业性使用的保留。采用此种协议组合则意味着他人在使用作品时不仅需要注明作者，还必须注意在使用作品时不能将其用于商业用途。

假想案例

用户"喵呜不停"在 LOFTER 网站的个人主页上发布了一幅关于猫的摄影作品，如图 3-2 所示（主要摄影内容略去），声明采用 CC BY-NC。

向光而立，无所畏惧

时间：2021/10/23　　热度　79710　　评论　816

#摄影　#光影　#摄影　#动物　#猫　#色彩

图 3-2　LOFTER 网站上一幅关于猫的摄影作品声明采用"署名-非商业性使用"协议
资料来源：喵呜不停.向光而立，无所畏惧. https://imiao5.lofter.com/post/17af1e_1cd4a688c.
最后访问日期：2023 年 11 月 7 日.

这意味着，任何用户都可以在署名的前提下使用这组照片，可以对这些照片进行剪裁、截取、拼接等后期处理和二次创作，但不能将该组照片用于商业用途。例如，小丽需要制作一张以人与动物为主题的海报，她在网络上搜索资料的时候看到了"喵呜不停"发布这组照片的网页，她对照片进行了剪裁，截取猫的图像部分插入海报并自己绘制了背景和海报文字内容。小丽在网上发布这张海报时，不需要与原作者"喵呜不停"取得联系并获得许可，而只需要进行署名，注明图片素材来源、适用的是 CC BY-NC 协议，并注意不要将该海报用于商业用途即可。

（三）CC BY-ND

采用此种协议组合意味着他人在使用作品时不能对作品进行任何实质性的改动，同时需要注明作者，除此以外的使用行为不受限制，包括可以将该作品用于商业用途。

假想案例

署名为 Julie Maxwell's Piano Music 的用户在"爱给"网站上发布了"太阳

28

永远升起"的配乐（图 3-3）。声明采用 CC 协议中的"CC BY-ND"协议。

标准品质　　｜　　↓2180

⊙01:34　　↓下载　　☆收藏
作者：Julie Maxwell's Piano ...　CC协议(可商用,署名,禁止演绎)

图 3-3　Julie Maxwell's Piano Music 发布的配乐声明采用 CC 协议中的"CC BY-ND"协议
资料来源：参见爱给网检索结果 https://www.aigei.com/music/cc/cc_commercial_signat_15?orderType=download.

据此，使用者在使用该作品时需要进行署名，且不能对这首配乐进行任何改编，除此之外使用者的使用行为不受限制，甚至可以用于商业用途。例如，小张将"太阳永远升起"的配乐设置为她在线发表的专栏文章的背景音乐，读者只需点击文章开头的歌曲播放按钮即可聆听该音乐，伴随着音乐声阅读文章的后续内容。小张未对该音乐作品进行任何改动，并且在歌曲播放按钮下方进行了署名，注明了配乐作品的来源、适用的协议版本，因此小张的行为一般不会构成著作权侵权。

（四）CC BY–NC–ND

使用者在使用主张此类 CC 协议的作品时，需要注明作者，且不能对作品进行任何改动，也不能将该作品用于商业用途。这是最为严格的类型组合，采用此种 CC 协议的作者保留了最多的权利。同时，多项针对科研人员偏好的调查显示，CC BY-NC-ND 才是科研人员的首选协议（社会科学和人文科学领域更是如此），该协议在授权重用作品的同时，能够使作品的完整性得到保护，并确保作品被用于非商业目的。❶

假想案例

美国非营利组织 TED 主办了一系列研究性演讲，并通过 TED 官方网站在线传播演讲内容，TED 在其官网声明采用"署名–非商业性使用–禁止演绎"协议（图 3-4）。

---

❶ Creative Commons. Frequently Asked Questions. https://creativecommons.org/faq/#does-my-use-violate-the-noncommercial-clause-of-the-licenses. 最后访问日期：2023 年 11 月 7 日。

Personal Use (Non-Commercial)

Personal Use only (non-commercial):
We encourage you to share TED Talks, under our Creative Commons license, or (CC BY–NC–ND 4.0 International, which means it may be shared under the conditions below:

- **CC:** means the type of license rights associated with TED Talks, or Creative Commons
- **BY:** means the requirement to include an attribution to TED as the owner of the TED Talk and include a link to the talk, but do not include any other TED branding on your website or platform, or language that may imply an endorsement.
- **NC:** means you cannot use TED Talks in any commercial context or to gain any type of revenue, payment or fee from the license sublicense, access or usage of TED Talks in an app of any kind for any advertising, or in exchange for payment of any kind, including in any ad supported content or format.
- **ND:** means that no derivative works are permitted so you cannot edit, remix, create, modify or alter the form of the TED Talks in any way. This includes using the TED Talks as the basis for another work, including dubbing, voice-overs, or other translations not authorized by TED. You may not add any more restrictions that we have placed on the TED site content, such as additional legal or technological restrictions on accessing the content.

图 3-4　TED 在其官网声明采用"署名-非商业性使用-禁止演绎"协议

资料来源：参见 TED 的作品使用政策：https://www.ted.com/about/our-organization/our-policies-terms/ted-talks-usage-policy.

这意味着，使用者在不对原 TED 演讲视频进行改动的前提下，可以自由地对作品进行传播和转载，但在使用时需要注意署名且不得用于商业用途。例如，小刘在观看 TED 官网上发布的演讲视频时，被一支视频深深打动，她将该视频下载并转载到了国内的视频网站上。小刘在发布时进行了署名，载明了视频的来源、适用的 CC 协议版本，关闭了视频收益且没有对视频内容进行任何修改。小刘的行为即为符合"署名–禁止商用–禁止演绎"协议许可内容的使用行为，一般不会构成著作权侵权。

（五）CC BY–SA

作为维基百科的通用授权，CC BY-SA 是最重要和最为广泛使用的 CC 协议之一。使用者在使用作品时需要注明作者，可以将作品用于商业用途，也可以对作品进行删减、改编等二次创作。但需要注意的是，采用主张该协议的作品进行二次创作而形成的新作品必须同样采用此种类型的协议。例如，歌手 A 发布了一首歌曲，声明其采用 CC BY-SA 协议。歌手 B 对该歌曲进行了重混，在发布该歌曲时必须也采用 CC BY-SA 协议。相关内容，请详见本书第四章"CC 协议适用的兼容问题"。

维基百科是一个用多种语言编写而成的网络百科全书，由非营利组织维基媒体基金会负责营运。该网站采用 CC BY-SA 协议。这意味着，任何用户都可以在进行署名的前提下使用维基百科内的文字、图片等内容，可以对这些内容进行转载、删减、二次创作等，还可以将其用于商业用途。但是，在发布二次创作所形成的作品时，除了需要署名外，还必须采用与维基百科所采用的 CC 协议一致的协议，即也应声明采用 CC BY-SA 协议。除此之外，使用者不需要再与维基百科进行联系并获得其许可。

假想案例

　　小黄在写作与美国历史相关的科普文章时查阅了维基百科，摘抄了维基百科中的相关内容并对其进行补充和完善，形成了一篇完整的文章。小黄在发布这篇文章时应进行署名，注明部分文字内容来自于维基百科及说明原材料适用的 CC 协议，并在发布时声明该文章同样采用 CC BY-NC-SA 协议。那么，小黄的行为一般不会构成著作权侵权。

（六）CC BY-NC-SA

　　此种组合类型除不得将作品用于商业用途外，其他要求与 CC BY-SA 相同。

假想案例

　　用户 Artjoms Horosilovs 在 Sketchfab 网站上传了一个名称为 Sea Keep "Lonely Watcher" 的 3D 模型（图 3-5），该作者在发布时声明采用 CC Attribution-NonCommercial-ShareAlike，即 CC BY-NC-SA 协议。

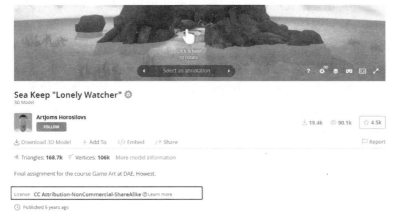

图 3-5　"Sea Keep 'Lonely Watcher'" 的 3D 模型采用了 CC Attribution-NonCommercial-ShareAlike
资料来源：Artjoms Horosilovs, Sea Keep "Lonely Watcher", https://sketchfab.com/3d-models/sea-keep-lonely-watcher-09a15a0c14cb4accaf060a92bc70413d. 最近访问时间：2023 年 11 月 7 日.

　　据此，任何用户都可以在署名的前提下利用该 3D 模型，可以对其进行转载、利用其制作 3D 场景或 3D 影片等二次创作，等等。但是，在发布二次创作所形成的作品时，使用者要署名并声明二次创作的内容也采用 CC BY-NC-SA 协议，同时不能将其用于商业用途。

例如，小王在制作一款游戏，设计天空场景时发现 Artjoms Horosilovs 发布在 Sketchfab 网站的"Sea Keep'Lonely Watcher'"3D 模型作品正好符合他的创作需求，于是他便下载了这个模型，将它导入，据此制作并免费发布了游戏。小王不需要专门与 Artjoms Horosilovs 取得联系并获得许可，但需要在游戏中列出 Artjoms Horosilovs 的名字，进行署名，注明其为游戏 3D 模型素材的来源作者、适用的 CC 协议，同时声明该游戏采用 CC BY-NC-SA 协议。如果小王发布的游戏需要付费购买，则违反了 CC BY-NC-SA 协议的要求，构成著作权侵权。

（七）CC0 协议

采用 CC0 协议即代表作者宣布放弃该作品的一切版权，该作品进入公共领域，任何人可以不加限制地以任何方式利用该作品，包括复制、改编、发行、表演以及在使用作品时不标示作者，等等。CC0 协议一旦声明便不可撤销。即使 CC0 协议可能与某个法域的版权法律相冲突，CC0 协议也要求许可人从使用者可以无限制地使用作品出发，来解释 CC0 协议中的条款。

与其他 CC 协议相比，该协议的适用度并不高。一方面，由于该许可协议提供的"权利放弃"模式过于严格，利益空间极为有限，未能获得多数个人创作者和商业机构的支持，但在公共文化机构如博物馆、图书馆的馆藏作品数字化资源的商业化利用中使用率较高❶；另一方面，CC0 协议的权利放弃范围包括有署名权在内的著作人身权，在部分国家的著作权法中有规定，著作人身权适用无期限保护，不得放弃，因此该放弃在我国乃至大多数国家并无法律效力。

需要注意的是，除 CC0 协议外，还存在公共领域标记（Public Domain Mark），即已进入公共领域的作品的标签，二者是不同的。CC0 协议供作者放弃权利使用，而公共领域标记可供任何人使用，并且旨在于全世界范围内已经不受已知版权限制的作品使用。可见，CC0 协议具有法律效力，能够改变作品法律状态，而公共领域标记仅仅是一个标签，其目的是让任何人都清楚地标明已不再受版权保护的作品。知识共享组织在其网站上提供了一个工具，该工具产生可用于

---

❶ 宋立夫. 知识共享许可开放，CC0 协议带来的博物馆藏商业化能给文创人哪些启迪. 杭州市文化创意产业发展中心网（2018 年 11 月 21 日），https://www.0571ci.gov.cn/article.php?n_id=9469. 最后访问日期：2023 年 11 月 7 日.

在线可获取的公共领域内容的 HTML 代码。❶

（八）小结

作者在采用 CC 协议时，可以根据实际需要自由选择想保留的权利，从而适用不同类型的 CC 协议。可以通过表 3-1、表 3-2 对各类型的 CC 协议有更为直观的认识。

表 3-1　不同类型 CC 协议许可的内容及限制

具体类型	许可内容	许可限制（皆应署名）
CC BY	允许他人传播、编辑、调整和在原作品基础上的再创作，包括商业性使用	使用者应在作品上完成"署名"，以尽力符合前述 TASL 规范（最宽松的许可证）
CC BY-SA	允许他人以任何目的编辑、调整作品和再创作，包括商业性使用	署名并以相同方式共享再创作的作品
CC BY-ND	允许他人以任何目的再利用作品，包括商业性使用	署名并禁止以任何形式演绎被许可作品
CC BY-NC	允许他人基于非商业性目的的编辑、调整和再创作行为	署名，禁止商业性使用
CC BY-NC-SA	允许他人基于非商业性目的的编辑、调整和再创作行为	署名，禁止商业性使用，并以相同方式共享新的创作作品
CC BY-NC-ND	只允许他人基于非商业性目的，下载被许可作品和传播原作品	署名，禁止商业性使用，禁止对原作品演绎（最严格的许可证）

表 3-2　针对不同类型 CC 协议使用者可施行的行为

具体类型	复制和传播作品	不注明作者	商业性使用	二次创作（演绎）	不以相同方式分享演绎作品
CC BY	√	×	√	√	√
CC BY-NC	√	×	×	√	√
CC BY-ND	√	×	√	×	×
CC BY-NC-ND	√	×	×	×	×
CC BY-SA	√	×	√	√	×
CC BY-NC-SA	√	×	×	√	×

❶ 顾立平，等. 开放内容：知识共享许可实用指南[M]. 北京：科学技术文献出版社，2017：35.

三、CC 协议项下部分权利的保留

如前文所述，CC 协议本意是促进作品的获取和传播，但其本质仍是与作者进行著作权约定的许可使用协议，作者在保留自身作品著作权的情况下，允许他人在协议限定的范围内使用作品，且可以不向作者获取额外的授权。但如何使用作品、许可使用何种权利、保留何种权利，仍需事先取得作者本人的同意。换句话说，即使是在"开放获取"的语境下，仍需尊重传统版权法的规则，遵循作者本人的意志，保护作者的保留权利。

具体来说，BY 则表明作者只保留署名权，除署名权外的其他著作权，如改编权、信息网络传播权、复制权等权利均许可他人进行使用。NC 则意味着作者保留商业性使用权利，也就是"获得报酬权"，此时除署名权以外的其他著作权均许可他人使用，但该许可附有不得商业使用的条件。ND 表明作者保留改编权及对未经许可的演绎作品追诉的权利，他人不可对作品进行二改、二创。SA 则表明作者支持使用者对其作品进行二次创作，但强调如进行二次创作，则新形成的作品必须采用同样构成要素的协议，或者与之兼容（不存在冲突）的其他组织发布的开放获取协议。

同时，作者在选择 CC 协议类型时，其所选择保留或放弃的权利必须符合法律规定。CC 协议本质上来说是一种特殊的许可使用协议，该协议必须符合法律的强制性规定。在我国，由于《著作权法》规定包括署名权在内的著作人身权不得转让、放弃或继承，因此，即使作者采用 CC0 协议，此协议中对著作人身权的放弃也不具有法律效力。

综上，CC 协议在作品共享的基础上允许作者保留部分权利，这意味着 CC 协议建立的基础是"公共利益"与"个人权利"的平衡，使得作者在保留自身作品著作权的前提下，让自己的作品以高效的方式进行传播，这对于作品的传播和利用效率，尤其是科研学术成果的传播效率、传播范围和利用效率均是极大的提升。

第四章

CC 协议适用的兼容问题

如前所述,CC 协议共有 CC BY、CC BY-NC、CC BY-NC-ND、CC BY-NC-SA、CC BY-ND、CC BY-SA6 种核心类型。除此之外,知识共享组织还提供了 CC0 协议,即一旦作品采用 CC0 协议就表示著作权人放弃了著作权等相关权利,作品进入公共领域,任何人都可以自由使用。

上述协议都包含不同的授权要素,以授予使用者不同的权利,如果要混用多个适用不同 CC 协议的作品,或以多个适用不同 CC 协议的作品为基础进行再创作,应注意这些作品使用的协议是否兼容,即不同协议内是否包含相互冲突的要求。相互兼容的许可协议授权的作品可以相互混合或共同作为演绎作品的基础,相互不兼容的许可协议授权的作品则不能。❶CC 协议适用的兼容问题主要包括不同 CC 协议之间的兼容、同一 CC 协议不同版本之间的兼容,以及 CC 协议与其他开放获取协议的兼容。

一、CC 协议与 CC 协议的兼容

(一)不同作品的不同 CC 协议之间的兼容问题

1. 混用不同 CC 协议素材但不创作演绎作品

在具体讨论 CC 协议之间的兼容性问题以前,首先需判断利用他人 CC 协议作品的方式是否构成改编(adapt/remix)。法律意义上的"改编"是指利用已有作品再创作,在创作过程中体现了改编者对表达的选择,从而形成了新的作品,

---

❶ ZACHARY K, Pitfalls of Open Licensing: An Analysis of Creative Commons Licensing[J]. 46 IDEA: The Intellectual Property Law Review, 391 2006.

并且无法再从形式上将新产生的作品与在先作品相区分，此新的作品即为演绎作品。最典型的形成演绎作品的过程是翻译，译者通过聪明才智，以原文为蓝本在不同的语言体系中遣词造句，形成包含原文但又无法再逆向提取原文的译文。而最典型的不形成演绎作品的过程是汇编，如期刊社收录多篇作者的文章，将文章按照专题排序并辅以不同的版面，编辑通过聪明才智更好地呈现了论文集，即一部新的作品，但是包含原文的论文集可以逆向提取原文，所以论文集不属于 CC 协议所述的演绎作品。

知识共享组织指出，对采用协议发行的素材进行的编辑（modification）而产生的作品是否会被视为 CC 协议定义的改编（adaptation），主要取决于具体适用的著作权法律。一般而言，翻译作品或创作小说的电影版本将被视为改编。大多数国家著作权法亦规定，改编是以他人作品为基础，利用了已有作品的表达，创作出具有独创性的新作品。然而，由于各国对于独创性的判断标准并不统一❶，对改编或演绎作品的认定仍取决于不同国家法律。

进一步，如果不构成改编、不产生演绎作品，比如将作品囊括在选集、百科全书和广播（anthologies，encyclopedias and broadcasts）等集合（collection）中，那么在分别声明素材来源归属的前提下，可以随意混用 CC 协议授权的内容。不过需要注意的是，集合在纳入 CC 协议作品的同时，应关注协议是否包含 NC 要素。若集合中存在适用包含 NC 要素协议的作品，那么该集合整体则不可用于商业用途，即不主要用于或指向商业利益（commercial advantage）或金钱补偿（monetary compensation）。❷如表 4-1 所示，若表格为空白，意味着该类型的原始作品不能被纳入相应类型的集合，灰色表格可以纳入相应类型的集合。例如，适用 CC BY-NC 协议的原始作品不能被纳入商业集合，而只能被纳入非商业集合。

2. 混用不同 CC 协议素材创作演绎作品

知识共享中国大陆项目在 CC 4.0 协议法律文本简体中文官方译本中将演绎作品界定为"受到著作权与类似权利保护的，基于授权作品（Licensed Material）而创作的作品（Material），例如对授权作品的翻译、改编、编排、改写或其他依据著作权与类似权利需要获得所有人许可的修改。为本公共许可协议之目的，当授权作品为音乐作品、表演或录音时，将其依时间序列关系与动态影像配合

---

❶ Creative Commons. Frequently Asked Questions. https://creativecommons.org/faq. 最后访问日期：2023 年 11 月 6 日。

❷ https://wiki.creativecommons.org/wiki/NonCommercial_interpretation. 最后访问日期：2023 年 11 月 6 日.

一致而形成的作品，视为演绎作品（Adapted Material）"❶。

表 4–1　不同类型 CC 协议被纳入集合的兼容性

所适用协议原始作品	商业用途集合 （BY，BY-SA，BY-ND）	非商业用途集合 （BY-NC，BY-NC-SA，BY-NC-ND）
CC0	■	■
BY	■	■
BY-NC		■
BY-NC-ND		■
BY-NC-SA		■
BY-ND	■	■
BY-SA	■	■

　　如果以创作演绎作品的方式利用多个适用不同 CC 协议的作品，那么就应注意这些作品使用的协议是否兼容。以表 4-2 为例，标题行与标题列分别示出作品 A、B、C 及其适用的 CC 协议，相交的单元格显示出其形成的演绎作品及该演绎作品须适用的 CC 协议。

表 4–2　CC 协议素材混用创作演绎作品案例

作品及协议类型	旋律 A CC BY-SA	歌词 B CC BY	歌词 C CC BY-NC-SA
旋律 A CC BY-SA		演绎作品 D CC BY-SA	演绎作品 E 协议冲突
歌词 B CC BY	演绎作品 D CC BY-SA		
歌词 C CC BY-NC-SA	演绎作品 E 协议冲突		

　　在表 4-2 所示的例子中，旋律 A、歌词 B、歌词 C 分别是以 CC BY-SA、CC BY 和 CC BY-NC-SA 授权的，如果把旋律 A 和歌词 B 互相混用产生演绎作品 D，A 使用的 CC BY-SA 协议决定了演绎作品 D 也必须以 CC BY-SA 授权。而如果想把旋律 A 和歌词 C 互相混用产生演绎作品 E，旋律 A 要求演绎作品 E 以 CC BY-SA 授权，歌词 C 要求演绎作品 E 以 CC BY-NC-SA 授权，

---

❶ Creative Commons. CC BY 4.0 法律文本署名 4.0 国际. https://creativecommons.org/licenses/by/4.0/legalcode.zh-Hans. 最后访问日期：2023 年 11 月 6 日。

这是不可能同时实现的，所以旋律 A 和歌词 C 是不能互相混用的，CC BY-SA 和 CC BY-NC-SA 这两种协议是不兼容的。如果想要混用旋律 A 和歌词 C，必须从旋律 A 和歌词 C 的权利人（通常是创作者）处获得授权，或者使用两者在兼容协议下发布的另外版本。❶

表4-3 显示的是不同类型 CC 协议授权的作品是否可以被混用以创作演绎作品，如果两者是兼容的，则相交的单元格内为√，否则为×。

表4-3　不同类型 CC 协议之间的兼容性

协议类型	CC0	BY	BY-NC	BY-NC-ND	BY-NC-SA	BY-ND	BY-SA
CC0	√	√	√	×	√	×	√
BY	√	√	√	×	√	×	√
BY-NC	√	√	√	×	√	×	×
BY-NC- ND	×	×	×	×	×	×	×
BY-NC-SA	√	√	√	×	√	×	×
BY-ND	×	×	×	×	×	×	×
BY-SA	√	√	×	×	×	×	√

具体而言，对于包含 ND 要素的协议（以下简称"ND 协议"），包括 CC BY-NC-ND 和 CC BY-ND，这两种协议没有授权创作演绎作品，因此不能与别的任何素材混用，即 ND 协议与本身、ND 协议之间、ND 协议与其他四种核心协议都是不兼容的，因此其所在列与行均显示×。但是，在 CC4.0 协议颁布后，若仅私人使用不公开传播，则可以利用 ND 协议作品创作演绎作品。CC4.0 协议以前的版本仅在构成著作权的例外或限制时允许利用 ND 协议作品创作演绎作品。

对于包含 SA 要素的协议，包括 CC BY-NC-SA 和 CC BY-SA，这两种协议要求演绎作品以原协议授权，因此 CC BY-NC-SA 与 CC BY-SA 两者之间不兼容。包含 SA 要素的协议只能与相同的协议、不包含 SA 的协议和 CC0 混用。

对于 CC BY-NC，该协议意味着原作品的创作者未授权商业性使用，且是使用原作品的先决条件，所以演绎作品的协议必须包含 NC 要素，因此 CC BY-NC 只能与 CC BY、CC BY-NC 和 CC BY-NC-SA 作品混用，不能与 CC BY-SA 混用。

❶ 傅蓉. 知识共享许可协议的兼容性研究[J]. 图书情报工作，2013（21）：53.

3. 演绎作品进一步可适用的许可协议

在确定不同 CC 协议授权的作品之间可以混用后，进一步需明确演绎作品中改编者后续创作所贡献的部分应适用何种协议，仍然受到原素材所采用 CC 协议的限制。需要注意的是，原素材的原 CC 协议依然隐含在演绎作品中，其依然发挥着约束作用，即使改编行为已经完成。

首先，如前所述，包含 ND 要素的协议不允许传播演绎作品，并且 CC4.0 协议之前的版本甚至禁止以作品为基础创作演绎作品。因此，原作品包含 ND 要素时，其不存在演绎作品适用协议的选择问题。

其次，包含 SA 要素的协议要求必须以同种协议授权。因此，演绎作品适用的 CC 协议必须与原作品采用的 CC 协议相同。

最后，利用包含 BY 或 BY-NC 要素的作品二次创作时，虽然知识共享组织接受其演绎作品适用各种要素的 CC 协议（对应效力仅及于改编者后续创作所贡献的部分），但知识共享组织建议演绎作品适用的 CC 协议包含相同的许可要素，这是为了简化下游使用者的再次创作。例如，原作品为多个适用 CC BY-NC 协议的作品时，演绎作品更建议选择 CC BY-NC、CC BY-NC-ND、CC BY-NC-SA，但并非意味着不得使用 CC BY、CC BY-ND、CC BY-SA、CC0，如若使用这些协议，则需要格外小心标注所涉原作品所适用的具体 CC 协议，便于下游使用者区分。

表 4-4 具体显示了演绎作品可进一步选择的 CC 协议。当根据标题列所示的 CC 协议创作演绎作品时，如果相应格为深灰色，可以根据标题行所示的 CC 协议许可演绎作品中改编者后续创作的部分。如果相应格为空白，则知识共享组织不建议使用该 CC 协议，尽管在技术上允许这样做。如若选择该协议，演绎作品创作者应格外小心标注所涉原作品适用的具体 CC 协议，以便下游用户了解其相应义务。浅灰色格则意味着演绎作品不得就其贡献使用相应 CC 协议。

表 4–4　演绎作品可进一步选择的 CC 协议

项目		演绎作品可进一步选择的 CC 协议						
		CCBY	CC BY-NC	CC BY-NC-ND	CC BY-NC-SA	CC BY-ND	CC BY-SA	CC0
原作品适用的协议	CC0							
	CC BY							
	CC BY-NC							
	CC BY-NC-ND							
	CC BY-NC-SA							
	CC BY-ND							
	CC BY-SA							

（二）同一 CC 协议不同版本之间的兼容问题

CC 协议自 2002 年发布 1.0 版以来，先后进行四次修改和更新，在 2004 年、2005 年、2007 年、2013 年分别推出 2.0、2.5、3.0 和 4.0 版（见表 4-5），2020 年，CC 4.0 协议简体和繁体中文版发布。❶

表 4–5　CC 协议版本变更情况

版本	与前一版本差异
1.0	CC 协议的第一个版本，有 4 个授权要素，组成了 11 种核心协议
2.0	在该版本中 BY 要素成为默认的选项，核心协议由原先的 11 种减少为 6 种。该版本澄清了 SA 要素与未来版本及国际版本兼容、BY 要素中反向链接（link-back）的具体要求、同步和音乐作品的权利及许可人的有限权利
2.5	该版本对 BY 相关条款进行了细微修改
3.0	该版本将通用版许可协议从美国版许可协议中分离出来，处理了精神权利与版权协会版税的问题，增加禁止背书的规定，包含了 BY-SA 的兼容结构
4.0	1. 更加国际化。该版本可以直接使用，无需结合本地法律进行本地化，使得协议能够更好地在全世界范围内使用。 2. 对著作权以外的权利运用做了限定。考虑到实际操作中还会涉及著作权之外的权利，为避免误解，CC 协议回避了这些问题。该版本消除了该争议，纳入数据库特别权利，除非该权利为许可人明确排除，也允许数据库提供者使用协议许可权利。 3. 一般性意义的署名要求。该版本略微调整了署名要求，以更好地反映实践要求。该许可协议明确允许被许可人以链接到单独网页包含署名信息的方式满足署名要求。 4. 使得匿名在需要的时候更加可能。3.0 版协议允许授权人在发布创作时隐去授权人的姓名，但仅限于一字不差地使用创作的情况下。4.0 版协议扩展了允许授权人匿名的范围。 5. 如若违反协议的使用者在 30 天内纠正了错误，使用者的使用权利将得到恢复。按照 3.0 版协议，如若使用者违反了 CC 协议，使用者使用创作的权利将立即终止，该版本则提供了缓冲期。 6. 改编作品的规定更加明确。就如何许可改编作品，CC BY 与 CC BY-NC 更加清楚

注：版本 1.0～3.0 的部分摘自：傅蓉. 知识共享许可协议的兼容性研究[J]. 图书情报工作，2013（21）. 版本 4.0 的部分摘自知识共享组织官网：https://creativecommons.net.cn/cc4-draft-call-for-comments/. 最后访问日期：2023 年 11 月 6 日.

❶ 知识共享中国大陆. 知识共享协议 4.0 简体和繁体中文版发布. https://creativecommons.net.cn/cc-licenses-4-0-simplified-and-traditional-chinese-launched/. 最后访问日期：2023 年 11 月 6 日.

除此之外，CC 协议的移植项目也带来了许多不同的版本。CC 协议的 1.0 版是根据美国著作权法制定的，被称作通用版许可协议，该协议没有指定特定的司法管辖区和适用法律。2002 年，知识共享组织创建了 CC 协议移植项目（Porting Project），计划将 6 种核心通用协议移植到各个司法辖区，移植工作的主要内容是将协议翻译和修改成适用当地法律的版本，截至 2023 年年底包括中国在内的 50 多个国家已经完成了移植工作，有 550 多种版本的协议。❶

CC 的版本更新与移植造成了同一 CC 协议存在不同的版本。与此同时，SA 要素要求改编者将演绎作品采用与原作品相同的或具有相同授权要素的 CC 协议进行发布，这就带来了同一协议不同版本的兼容问题。对此，知识共享组织明确了 CC BY-SA 与 CC BY-NC-SA 各版本间的兼容性❷，具体如下。

1. CC BY-SA 不同版本之间的兼容问题

若以适用 CC BY-SA 4.0 的作品为基础创作演绎作品，那么改编者就其创作的部分仅可适用：（1）CC BY-SA 4.0 或 CC BY-SA 的更新版本；（2）CC BY-SA 4.0 或更新版本的移植版本（如果有的话）；（3）符合 CC BY-SA 4.0 中定义的"BY-SA 兼容许可协议"（BY-SA Compatible License）的其他许可协议，详细内容见下一小节。即对于 CC BY-SA 4.0，CC BY-SA 的所有未来版本和 CC BY-SA 4.0 或更高版本的所有移植版本（如有）都自动兼容，根据 ShareAlike 兼容性流程被明确视为兼容的许可证也自动兼容。

若以适用 CC BY-SA 3.0 的作品为基础创作演绎作品，那么改编者就其创作的部分仅可适用：（1）CC BY-SA 3.0 或 CC BY-SA 的更新版本；（2）CC BY-SA 3.0 或更新版本的移植版本；（3）符合 CC BY-SA 3.0 中定义的"知识共享兼容许可协议"（Creative Commons Compatible License）的其他许可协议。不过，与 CC BY-SA 4.0 不同的是，目前还没有任何非知识共享组织的开放许可协议被指定为与 CC BY-SA 3.0 兼容。

若以适用 CC BY-SA 2.0、CC BY-SA 2.5 的作品为基础创作演绎作品，那么改编者就其创作的部分仅可适用：（1）原作品适用的 CC 协议或更新版本；（2）该 CC 协议或更新版本的移植版本。

若以适用 CC BY-SA 1.0 的作品为基础创作演绎作品，那么改编者就其创作的部分仅可适用 CC BY-SA 1.0。即对于 CC BY-SA 1.0，只有 CC BY-SA 1.0 兼容。

41

---

❶ https://wiki.creativecommons.org/wiki/CC_Ports_by_Jurisdiction. 最后访问日期：2023 年 11 月 6 日。

❷ Creative Commons. Compatible Licenses. https://creativecommons.org/share-your-work/licensing-considerations/compatible-licenses. 最后访问日期：2023 年 11 月 6 日。

2. CC BY-NC-SA 不同版本之间的兼容问题

若以适用 CC BY-NC-SA 4.0 的作品为基础创作演绎作品，那么改编者就其创作的部分仅可适用：（1）CC BY-NC-SA 4.0 或 CC BY-NC-SA 的更新版本；（2）CC BY-NC-SA 4.0 或更新版本的移植版本；（3）符合 CC BY-NC-SA 4.0 中定义的"BY-NC-SA 兼容许可协议"（BY-NC-SA Compatible License）的其他许可协议。需要注意的是，目前还没有任何非 CC BY-NC-SA 被指定为与 CC BY-NC-SA 4.0 兼容。

若以适用 CC BY-NC-SA 3.0、CC BY-NC-SA 2.5、CC BY- NC-SA 2.0 的作品为基础创作演绎作品，那么改编者就其创作的部分仅可适用：（1）原作品适用的 CC 协议或更新版本；（2）该 CC 协议或更新版本的移植版本。

若以适用 CC BY-NC-SA 1.0 的作品为基础创作演绎作品，那么改编者就其创作的部分仅可适用 CC BY-NC-SA 1.0。

二、CC 协议与其他开放获取协议的兼容问题

基于作品类型的多样性，在开放版权许可协议的发展和完善中，产生了针对不同类型作品的开放版权许可协议，大致可分为开放内容、开放软件、开放数据三种许可协议类型。其中，开放内容许可协议包括 CC 协议、数字同行出版许可协议、反数字版权管理许可协议、自由艺术许可协议、开放游戏许可协议和音乐内容许可协议等；开放软件许可协议主要是自由软件通用公共许可协议（General Public License，GNU/GPL）、伯克利软件分发许可协议（Berkeley Software Distribution License）和麻省理工许可协议（Massachusetts Inistitute of Technology License）等；开放数据许可协议则表现为开放数据共享许可协议、社区数据许可协议（Community Data License Agreement）等。在数字版权环境下，内容与软件代码、数据信息的融合创新日益常见。而上述不同类型开放版权许可协议的存在，导致用户在重混不同类型作品时，原作品权利人往往并非选择同一种许可协议来发布其作品。此时，整合不同作品的用户在使用作品时需要满足各个作品许可协议的要求。再加上不同协议在制定时均未考虑到互通性问题，即使是在本质上非常接近的不同协议，亦可能因为条款内容的区别而并不具备兼容性，因此，明确 CC 协议与其他类型许可协议是否兼容至关重要。

对此，知识共享组织强调，作为 CC 协议管理者，必须确保许可人相信，当其适用 CC 协议时，CC 协议中对其很重要的构成要素在被改编时亦会被尊重。但在力求尽可能满足许可人的期望时，知识共享组织亦希望通过宣布与其他开放版权许可协议的兼容性，扩大可再创作内容的共享范围，原因在于这些协议

与 CC 协议具有相同的基本目的和作用。因此，知识共享组织聚焦于诸多开放版权许可协议都具有的"相同方式共享"要素，明确了 SA 要素最低兼容性标准、相同方式共享许可证的兼容性评估流程及 CC 协议与其他开放获取协议的具体兼容情况。

（一）SA 要素最低兼容性标准

知识共享组织指出，包含 SA 要素的 CC 协议旨在确保原作品所选用协议让渡的自由在作品被他人改编（演绎）时仍然有效，并且也适用于改编者所作出的贡献。因此，要与 CC BY-SA、CC BY-NC-SA 协议兼容，候选许可协议必须与相应的 CC 协议具有相同的目的、含义和效果。只要候选许可协议中对相关要素的处理与 CC 协议中的处理接近，就可以实现兼容。❶

具体而言，候选许可协议必须满足以下条件：（1）包含 ShareAlike 机制；（2）包含署名机制的要求，这一署名机制不必与 CC 协议完全一致，两者间的差别是否可以接受由知识共享组织视情况而定；（3）许可版权相关权利；（4）对于 CC BY-SA，不违反自由文化作品（Free Cultural Works）的定义；（5）对于 CC BY-NC-SA 4.0，包含非商业性使用的限制。但同时，知识共享组织强调，上述并非全部条件，其保留基于其他因素认定许可证不兼容的自由裁量权。

（二）相同方式共享许可证的兼容性评估流程

CC 协议以外的开放许可协议必须经过 ShareAlike 兼容程序，才能被知识共享组织正式指定为 CC BY-SA、CC BY-NC-SA 兼容许可证。

（1）候选许可协议提案经由适当的 CC 交流渠道（如邮件列表或 Slack 频道）向知识共享组织提出。并且，提案中必须包含许可协议全文链接。不一定要求由许可协议管理人提交提案，但知识共享组织强烈建议由许可协议管理人提出。知识共享组织也可以通过提出候选许可协议来启动评估程序，包含基本相同文本的类似许可可以一起提出或分析。

（2）知识共享组织将为候选许可协议创建维基百科页面，提案的相关信息、讨论要点摘要及是否符合兼容性标准的分析也将发布在维基百科页面上。

（3）知识共享组织发布 CC 协议与候选许可协议的初步比较与分析，该对比将 CC 协议与候选许可协议的相应元素和特征进行映射，并分析相关差异。

（4）公众讨论期开始。公众讨论期一般持续 30 天。如果出现复杂问题，讨

---

❶ https://wiki.creativecommons.org/wiki/ShareAlike_compatibility_process_and_criteria. 最后访问日期：2023 年 11 月 6 日.

43

论期可能超过 30 天，直到问题得到彻底解决。不过，如果知识共享组织认为候选许可协议明显不符合其兼容性标准，知识共享组织也保留提前结束公开讨论的权利。

（5）知识共享组织发布兼容性裁定，并详细说明候选许可协议与 CC 协议是否兼容的原因。如果宣布兼容，知识共享组织将在其兼容许可协议页面上把该许可协议列为兼容许可协议，使用相关 CC 协议作品的改编者可以在改编这些作品时使用该协议。如果知识共享组织拒绝将其列为兼容许可协议，其会在兼容许可协议页面将候选许可协议列为已审查但不兼容的许可协议。除非许可协议管理人解决了相应问题，否则候选许可协议将不会被重新考虑兼容性。

（三）目前 CC 协议与其他协议的兼容情况

在讨论具体兼容问题前，需注意，知识共享组织区分了单向兼容性与双向兼容性。

单向兼容性意味着可以改编第一个许可协议（X）下的作品并将第二个许可协议（Y）应用于改编者自己的贡献，但改编者不得改编 Y 许可证下的作品并将 X 许可证应用于自身的贡献。例如，CC BY 与 CC BY-SA 是单向兼容的。改编者可以改编 CC BY 作品并将 CC BY-SA 应用于自身的贡献，但不得改编 CC BY-SA 作品并将 CC BY 应用于自身的贡献。双向兼容性意味着可以改编第一个许可协议（X）下的作品并应用第二个许可协议（Y），反之亦然。其关系如图 4-1 所示。

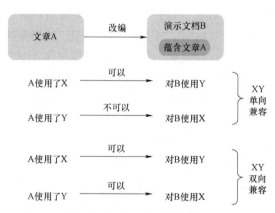

图 4-1　单向兼容性与双向兼容性协议的区别

如前所述，目前还没有任何其他开放版权许可协议被知识共享组织指定为与 CC BY-NC-SA 4.0 兼容，因此以下讨论均围绕 CC BY-SA 展开。

1. CC 协议与自由艺术许可证（FAL）之间的兼容

FAL 起草于 2000 年，是针对内容的开放许可协议之一，它给予其他人在作者没有明确的允许下对作品进行自由复制、分销和二次创作的权利。FAL1.3 版本于 2007 年发布，旨在增强与其他开放许可协议的兼容性。2014 年 7 月 22 日，知识共享组织和 Copyleft Attitude 正式提出 FAL 作为双向兼容的候选许可协议提案。并且，知识共享组织在维基百科页面发布了对 FAL 的初步分析。❶例如，对于署名问题，FAL 要求注明：（1）作者姓名；（2）在作品后附许可协议，或注明许可协议的出处；（3）关于从何处获取作品的信息。而 CC BY-SA 要求：（1）标注创作者和署名方；（2）版权声明；（3）许可声明；（4）免责声明；（5）许可材料的 URI 或链接；（6）指明并链接到许可协议。对于此，知识共享组织认为，两者间的细微差别不足以扰乱许可人的预期或给被许可人造成问题。对于有效的技术措施（Effective Technological Measures，ETM）问题，与 CC BY-SA 不同，FAL 没有明确禁止对许可作品使用数字版权保护技术（Digital Rights Management，DRM）或其他有效技术措施（Eeffective Technological Measures，ETM），但禁止使用者采取任何妨碍他人行使许可自由的行为，由于这隐含着不允许使用 ETM，知识共享组织认为这一差异不影响兼容性。

基于上述分析，2014 年 10 月 21 日，知识共享组织发布了兼容性决定，并将 FAL 1.3 添加到 CC 兼容许可证页面。根据知识共享组织发布的具体兼容规则可知，CC BY-SA 与 FAL 1.3 具备双向兼容性，但对双向兼容后的成果的利用方式有所不同，具体如下：

（1）当用户改编适用 CC BY-SA 的作品并将 FAL 应用于自身的贡献时，两种许可同时适用，下游用户必须同时遵守两种许可。根据 CC BY-SA 4.0 第 2(a)(5)(B)条的规定，任何从下游收到演绎作品（adapted material）的人都可以按照 FAL 规定的方式以同时满足 CC BY-SA 和 FAL 的要求（即"署名"和"相同方式共享"）。例如，适用 CC BY-SA 4.0 的故事被改编成剧本，改编者对其原创性贡献适用 FAL 1.3。此时，两种许可均适用，但剧本的再使用者可以注明两位作者，并根据 FAL 条款履行其"相同方式共享"义务。❷

（2）当用户改编适用 FAL 的作品并将 CC BY-SA 4.0 应用于自身的贡献时，CC BY-SA 4.0 的条款和条件将适用于整个作品，包括最初在 FAL 下获得许可的元素，不过，必须注明两位作者的姓名。例如，适用 FAL 1.3 的图像被改编，改

45

❶ https://wiki.creativecommons.org/wiki/ShareAlike_compatibility:_FAL. 最后访问日期：2023 年 11 月 6 日.

❷ https://wiki.creativecommons.org/wiki/ShareAlike_compatibility. 最后访问日期：2023 年 11 月 6 日.

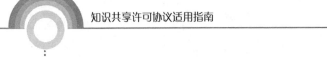

编者对其原创性贡献适用 CC BY-SA 4.0，此时演绎作品（adaptation）仅适用 CC BY-SA 4.0，演绎作品的再使用者只能根据 CC BY-SA 4.0 的条款确定其"署名"和"相同方式共享"义务。❶

2. CC 协议与 GPLv3 之间的兼容

如前所述，GPL 是被广泛使用的自由软件许可证，给予终端用户运行、学习、共享和修改软件的自由。CC 协议与 GPL 兼容问题源自于作品创作中将内容和代码混用的情况。CC 协议未涉及源代码或目标代码，所以知识共享组织推荐将 CC 协议用于文学艺术类内容，而建议用 GPL 等协议来授权软件。❷但是，现在一些创作者创作时常常将内容和代码混用，如 3D 打印及交互式游戏和艺术，一些创作者会将以 GPL 授权的功能设计与以 CC 协议授权的设计和艺术混用，这些协议之间如何影响、演绎作品如何授权，给创作者造成了很大的困扰。❸

由于 GPL 要求以相同方式共享且允许使用于商业目的，故只有 CC BY-SA 可与之进行兼容性评估，知识共享组织在维基百科页面发布了对 GPLv3 的初步分析。❹例如，对于许可范围，由于 GPLv3 面向软件及类软件作品，GPLv3 与 CC BY-SA 的基调和范围并不相同，二者许可范围的最大区别在于对专利权的处理。CC BY-SA 明确许可人保留专利权，而 GPLv3 则包括每个贡献者的专利授权。从兼容性的角度看，这意味着当改编适用 CC BY-SA 的作品并将其纳入 GPL 许可的项目中时，该项目的下游用户对改编的 CC BY-SA 作品不能享有专利权（如可能，即此情形中的被改编的作品已经被申请为相关专利）。尽管 GPL 包含专利许可，但 CC BY-SA 许可人实际许可的权利范围不能因为改编者选择适用 GPL 而单方面扩大。对此，知识共享组织认为这并不影响兼容性的认定，原因在于，适用 CC BY-SA 的作品很少会因为被复制或改编而涉及专利权，这在很大程度上仅是一个理论问题。

基于上述分析，2015 年 10 月，知识共享组织认可了从 CC BY-SA 到 GPLv3 的单向兼容，并将 GPLv3 添加到 CC 兼容许可证页面。具体兼容规则❺如下。

当用户改编适用 CC BY-SA 许可的作品并将其纳入 GPLv3 许可的项目时，两种许可协议同时适用，下游用户必须同时遵守两种许可。CC BY-SA 4.0 第 2

---

❶ https://wiki.creativecommons.org/wiki/ShareAlike_compatibility. 最后访问日期：2023 年 11 月 6 日。

❷ 同❶

❸ 傅蓉. 知识共享许可协议的兼容性研究[J]. 图书情报工作，2013（21）：56.

❹ https://wiki.creativecommons.org/wiki/ShareAlike_compatibility:_GPLv3#Considerations_for_adapters_applying_the_GPLv3. 最后访问日期：2023 年 11 月 6 日.

❺ Ibid.

（a）（5）（B）条允许下游用户以 GPLv3 规定的方式满足 CC BY-SA 和 GPLv3 的条件（即"署名"和"相同方式共享"）。

　　需注意，CC BY-SA 4.0 与 GPLv3 的兼容机制仅是单向的，即此种兼容只允许从 CC BY-SA 4.0 到 GPLv3 的单向移动，用户可以改编适用 CC BY-SA 4.0 的作品并将 GPLv3 应用于自身的贡献，但不可以改编适用 GPLv3 许可的作品并将 CC BY-SA 应用于自身的贡献。知识共享组织指出，此种单向兼容机制并非用于一般用途，其目的在于帮助那些改编内容并将其与代码相融合的人员解决特定问题。只有在改编适用 CC BY-SA 4.0 协议的作品，并将改编后的内容融入适用 GPLv3 协议的软件中，且使下游用户难以区分内容与代码的情况下，才适用该兼容机制。并且，此兼容性决定只适用于 CC BY-SA 4.0 与 GPLv3，不包括其他版本的 GPL。

第五章

科技期刊领域 CC 协议的实践与示范

一、科技期刊传统版权模式与开放获取模式的区别

（一）版权运作理念

传统版权模式与开放获取模式（即 CC 协议所处模式，以下简称"OA 模式"）的版权运作理念存在着显著差异。在传统版权模式中，尤其是海外的一些实力出众的出版社，营利性或至少说非公益性占据了较大的比重，他们需要把出版物、数据库以远高于物质成本（如纸张、服务器）的价格销售出去，因此需要对作品的出版和流通进行一定的垄断。而版权的专有属性天然地构成合法垄断，因此，传统版权模式利用版权制止他人对作品的传播，会对作品的流通和知识的共享产生阻碍。相比之下，我国的科技期刊社往往不以营利为主要目的，但仍然需要在作者稿费、专家审稿费及各种出版、传播成本及效率之间寻求平衡。为便于管理，期刊社倾向于控制作品的版权，保留对他人未经许可传播的追诉权利，这多多少少也会对作品的自由共享构成阻碍。

而在 OA 模式中，作品的版权保护只是手段而非目的，共享的价值取向高于垄断或盈利。许可人通过事先划定权利范围再发布开放获取协议，将声明非保留的权利交由社会公众自由使用，从而尽可能使合规传播者免遭侵权风险的忧虑，有利于促进知识的传播和使用，扩大学术交流的范围。

（二）版权配置

科技期刊传统出版模式的版权配置一般具有以下特点：（1）作者与期刊社之间的投稿协议多采用格式条款，投稿者无法拒绝；（2）作者的版权转让或者

独占许可给期刊社或出版社，未来由他们实施发表、发行及信息网络传播等活动；（3）期刊社一般与主流数据库平台建立合作关系，因此作者所实施的第一重授权通常会进一步产生二重授权的法律关系；（4）著作权先由作者转让或许可给期刊社，期刊社再反过来允许作者保留一定的权利，如允许作者进行非商业性的使用；（5）社会公众要阅读、下载或者利用科技论文，一般采用订阅模式，向期刊社支付相关费用获取阅读和下载的权限，其二次利用尤其是演绎、二创等更需要与作者协商并获得作者同意。

而在 OA 模式的版权配置中，期刊社、出版社只担任类似"首发平台"的角色，用自身的良好学术声誉为论文同行评议的质量作监督和背书，作者一般完整地保留权利。在这方面，DOAJ 等主流开放获取数据库大多认为版权转让在开放获取工作中没有必要，甚至认为版权转让是不利于开放获取的行为，从而拒绝收录使用不恰当的版权授权条款的期刊。❶因此，作者一般会在保留权利的基础上与期刊社签订出版协议，授予期刊社进行出版所必要的权利，并选择将适用何种开放协议类型发布其作品，公众之后也将遵守此规则来利用作品。如前所述，开放协议如 CC 协议，具有开放性、非排他性、不可撤销性等特征，本质上是一种开放许可，只要公众按照作者实现许可的方式使用，一般就无须担忧版权侵权风险。因此，相较于传统出版模式，OA 模式在较大程度上降低了交易成本，也更有利于知识的传播和利用。

（三）期刊公布版本

传统出版模式下，期刊社往往只是发表最终版本，从初稿到发表过程中的审稿、同行评议等内容并不会公开；而 OA 模式中存在预印本平台，发表在预印本平台的文章类似于投稿的初稿，同行公众或专家可对其评议，虽然后印本（修订后的最终版本）可能不予开放，但修订过程依然自由共享，可供公众参考、学习。因此，预印本平台也有利于研究成果的传播和利用。

（四）公众可获得性

传统出版模式下，只有拥有特定期刊许可或者订阅了相关期刊机构的读者可以获得文章内容，一般社会公众无法直接接触到期刊的全部内容。实施开放获取的文章在互联网上自由提供，每个人都可以公开访问，并且可以按照开放协议的要求自由使用。

---

❶ DOAJ. Copyright and Licensing-Part 1. https://blog.doaj.org/2015/05/19/copyright-and-licensing-incompatibility- part-1/. 最后访问日期：2023 年 11 月 6 日。

（五）出版费用

传统出版模式采用读者订阅付费模式，期刊的出版费用最终由读者或者订阅数据库的机构承担。而在 OA 模式下，公众无须支付费用，主要由作者支付论文处理费。例如，金色 OA 期刊主要依赖作者支付的论文处理费，以弥补期刊社、出版社因开放许可所减少的利润；除常见的作者付费外，还存在个人会员、机构会员支付及第三方支持支付等模式；对于绿色 OA 期刊，作者则不需要支付论文处理费，期刊通过设置一定的时滞期禁止作者在该期限内对论文的商业化使用，以保护自身的垄断利益。

二、DOAJ 对其收录期刊在开放获取方面的要求

DOAJ 是由瑞典德隆大学于 2003 年创建的国际知名学术期刊数据库，也是目前全球最大的仅收录 OA 期刊的数据库，内容涵盖农业及食品科学、艺术及建筑学、生物科学、化学、医学、人文社会科学等基本学科领域，没有语言限制，采用任何语种发表的高质量、具备同行评议的完全 OA 期刊都可以申请被 DOAJ 收录[1]。但要求出版社（或理解为期刊社[2]）坚持前文所述的《关于学术出版的透明性原则和最佳实践》[3]。

DOAJ 对申请被其收录的期刊社提出了多项要求，包括 OA、学术质量、期刊管理等多方面，下文重点介绍 DOAJ 与开放许可协议、版权、学术质量有关的要求[4]，以资我国科技期刊社参与、发展 OA 平台时参考。

（一）在期刊版面、网站上做清晰、充分的说明

DOAJ 将"OA 期刊"定义为"学术作品的版权所有者使用开放许可（知识共享或同等许可）将使用权授予他人的期刊，即允许公众立即免费访问作品，并允许任何用户阅读、下载、复制、分发、打印、搜索或链接到文章全文，抓

---

[1] 李志民. 开放存取期刊目录 DOAJ（Directory of Open Access Journals）. 中国教育信息化网，https://web.ict.edu.cn/2022/zmhhs_0604/80374.html，最后访问日期：2023 年 11 月 6 日.

[2] 在调研海外出版情况的大多数语境下，出版社可以代替期刊社一词，因为海外以私人公司形式存在的出版社通常内设期刊管理部门，该部门承担类似中国"期刊社"的职能.

[3] DOAJ: Transparency & best practice. https://doaj.org/apply/transparency/. 最后访问日期：2023 年 11 月 6 日.

[4] DOAJ 对期刊社开放获取方面的要求均出自：DOAJ. Guide to applying. https://doaj.org/apply/guide/. 最后访问日期：2023 年 11 月 6 日. 下文同.

取它们以建立索引，将它们作为数据传递给软件，或将它们用于任何其他合法目的"。DOAJ 进一步要求围绕该定义完成规则制定和公示的工作：

第一，**DOAJ** 要求拟被收录的期刊必须有自己的专用网址和主页，用于读者可随时访问被 OA 的论文，且每篇文章均具有独立的 URL 或 PDF 版面。期刊网站主页上需要包含以下内容：OA 政策、期刊面向的领域及办刊宗旨、编辑委员会成员及其所属单位、投稿须知、同行评议的过程、所使用的开放许可协议、涉及版权的条款（需要与"开放协议"分开单独声明）、向作者所收费用（包括从收稿到发表所有阶段可能收取的费用，如果不收费，也须明确载明）和联系方式（图 5-1）。

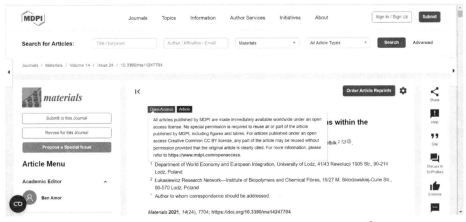

图 5-1　DOAJ 所收录的某篇文章展示的 OA 相关信息❶

第二，对于前述 OA 政策，即表明文章已经 OA 的声明，出版社需要将这样的内容清晰、充分地公布在网站上，以说明其符合 DOAJ 对 OA 的前述定义。出版社需要承诺所有内容立即提供免费、开放地访问，不得设置"论文禁运期"（Embargo Period，又称"OA 滞后期"），说明出版社不得要求文章发表之初先垄断、盈利，经过一段时间后才实施 OA。此外，出版社不得要求用户必须注册才能够阅读内容，但是允许出版社对期刊的印刷版本收费。

（二）明确选择开放许可协议类型

DOAJ 要求应当在网站上清楚地示明所使用的开放许可协议类型，并建议

❶ DZIUBA R，et al. Biopolymers and Biomaterials for Special Applications within the Context of the Circular Economy[J]. Materials，2021, 14(24)：7704, DOI: https://doi.org/10.3390/ma14247704. 最后访问日期：2023 年 11 月 6 日.

使用 CC 协议作为开放许可协议。如果使用与 CC 协议类似的开放许可协议，则应当清楚地解释该协议的特点。DOAJ 进一步建议在论文的全文页面（相对于摘要页面而言）再次注明所使用的开放许可协议内容，但对此并不强制。出版社在与作者签订的协议中也应当对此有所示明。

（三）涉及版权的内容

如前所述，收录论文相关的版权条款应当在期刊的网站和内容中明确说明，对论文的版权条款应当与对网站本身的版权条款相区分。所有已发表文章的全文应注明版权所有人的姓名，如果版权条款以单独的形式描述，则应该容易在网站上找到并可供所有人使用。

进一步，DOAJ 不强制但建议出版社允许作者不受限制地保留其对论文的著作权，为便于出版社传播，作者将首次出版的权利和非独家出版权、信息网络传播权许可给出版社即可。但需注意，如果出版社要求作者转让或独占许可其著作权，那么这样的版权条款很有可能会违背 OA 政策，与开放许可协议相冲突（但是不排除作者将权利转让给出版社，出版社再作为新的权利人来发布开放许可协议）。

标注"All rights reserved"和作出影响合理使用的声明，这些行为都不属于 OA，不被 DOAJ 所认可。究其原因，前者是因为根据 CC 协议，期刊社编辑部只能声明拥有版权，文章所含的其他权利，如专利权、商标权仍归作者所有❶。而后者的理由比较明显，无论是 CC 协议还是我国《著作权法》都不接受妨碍他人合理使用作品的条款。

（四）对学术质量的把控

DOAJ 对期刊的同行评审十分重视，要求期刊必须在网站上说明采取了何种类型的同行评审、同行评审的具体过程如何（如稿件将会被发送给几位审稿人）等。此外，DOAJ 要求在期刊网站的恰当位置清楚地说明质量控制和写作指南，包括期刊的版式、质量控制过程的描述、版权信息、学术不端政策、如何提交论文及联系人的电子邮件地址等。最终形成的期刊出版内容引用信息应当清晰，包括发布日期、DOI 标识符及起始页码和卷期号等。❷

---

❶ 杨静，武晓耕. 灵活取用 CC 协议促进我国科技期刊国际化发展——以〈西北工业大学学报〉申请 DOAJ 为例[J]. 科技与出版，2020（6）：110..

❷ 贺郝钰、侯春梅、迟秀丽，等. DOAJ 的运作模式及对中国 OA 期刊的启示[J]. 中国科技期刊研究，2016（8）.

三、海外开放获取平台使用 CC 协议的情况示范

（一）日本科学技术信息电子发布与流通系统[1]

日本科学技术信息电子发布与流通系统（J-STAGE）是日本科学技术振兴机构于 1999 年 10 月创建的学术期刊网络平台，囊括了日本超 1800 家出版社的 3200 多个期刊，数据库体量庞大。其宗旨是发布学术团体信息、展示日本科技成果、传播科技期刊文献信息等，以促进相关领域的研究和发展（图 5-2）。[2]

J-STAGE 提倡 OA，其超过 90%的文章都是自由阅读的，相应 OA 的文章使用并展示了 CC 协议，以供读者用户在符合要求的条件下再利用作品。

EAEF Engineering in Agriculture, Environment and Food
published by AABEA
Research Article

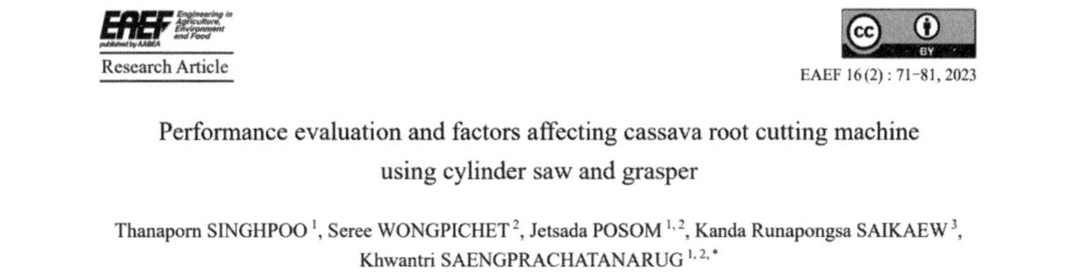

EAEF 16(2) : 71-81, 2023

Performance evaluation and factors affecting cassava root cutting machine using cylinder saw and grasper

Thanaporn SINGHPOO [1], Seree WONGPICHET [2], Jetsada POSOM [1, 2], Kanda Runapongsa SAIKAEW [3], Khwantri SAENGPRACHATANARUG [1, 2, *]

图 5-2　J-STAGE 的某篇文章展示 CC-BY 标志（右上）[3]

（二）科学在线图书馆[4]

科学在线图书馆（Scientific Electronic Library Online，SciELO）在圣保罗研究基金会（FAPESP）的支持下于 1998 年成立，是最早为科学文献提供开放访问的索引之一。SciELO 通过 CC 协议促进了期刊文档的再利用，在馆藏、期刊

---

❶ 该系统概览详见：https://www.jstage.jst.go.jp/static/pages/JstageOverview/-char/en. 最后访问日期：2023 年 11 月 6 日.

❷ 程维红，任胜利，等. 国外科技期刊开放存取网络平台[J]. 中国科技期刊研究，2009（1）：37.

❸ SINGHPOO T，et al. Performance evaluation and factors affecting cassava root cutting machine using cylinder saw and grasper[J]. Engineering in Agriculture, Environment and Food, 2023，16（2）：71-81，https://doi.org/10.37221/eaef.16.2_71. 最后访问日期：2023 年 11 月 6 日.

❹ SciELO. Open Access Statement. https://scielo.org/en/about-scielo/open-access-statement/. 最后访问日期：2023 年 11 月 6 日.

和文档层面实现了 OA 的规范化。2015 年起，SciELO 采用 CC BY 作为收录标准，2015 年之前被索引的期刊可以保留其原始的开放许可协议，但鼓励改用 CC BY，以便于使用 SciELO 的所有传播性服务，而 2015 年以后被索引的期刊则被要求采用 CC BY（图 5-3）。

图 5-3　SciELO 的检索结果，每篇文章均标注适用的 CC 协议❶

（三）Cogent OA 平台❷

Cogent OA 平台是 Taylor & Francis 出版集团下专门出版 OA 期刊的平台，包括 15 大期刊 122 个专业学科，覆盖所有的学术研究领域，并且所有的 Cogent OA 期刊都会被列入 DOAJ。Cogent OA 中的出版社不向用户收取任何的访问期刊费用，相反其要求作者、机构或者研究资助者以文章发布费用的名义支付出版费用。

在 Cogent OA 发表的文章使用 CC BY（图 5-4）。作者保留版权，并允许其他人进行转发再利用，商业使用同样被许可。任何对作品的再利用都必须以作者或者许可协议指定的方式对利用作品进行归属，不能以其他任何方式表明作者认可或者使用。

---

❶　参见 SciELO 网站 https://www.scielo.org，可通过搜索任意关键词浏览检索结果。最后访问日期，2023 年 11 月 6 日.

❷　Taylor & Francis Online. What is Cogent OA?.　https://www.tandfonline.com/openaccess/cogentoa. 最后访问日期，2023 年 11 月 6 日.

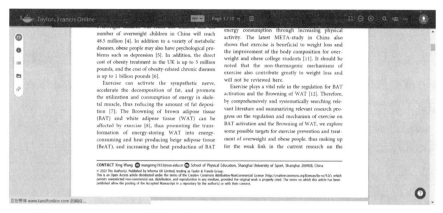

图 5-4　Cogent OA 上某篇文章的 PDF 版本，底部声明适用 CC BY-NC 4.0

资料来源：Haijun Dong，et al. Regulatory Effects and Mechanisms of Exercise on Activation of Brown Adipose Tissue (BAT) and Browning of White Adipose Tissue (WAT)[J]. Adipocyte, 12:1. https://doi.org/10.1080/21623945.2023.2266147. 最后访问日期，2023 年 11 月 7 日.

（四）PeerJ 平台❶

PeerJ 平台于 2012 年创立，主要运营三种开放获取期刊：生物和医学科学、计算机科学和预印本。PeerJ 平台要求文章按照 CC BY 发布，通过此许可，作者保留版权，但允许任何用户共享、复制、分发、传播、调整和商业使用该作品，不需要提供额外的许可（图 5-5）。

图 5-5　PeerJ 收录的预印本文章，页面底部标注"适用 CC BY 4.0，除非有特别声明"

资料来源：FRIGERIO S, SCHENATO L, BOSSI G: Crowdsourcing with Mobile Techniques for Crisis Support，Expert Rxiv. September 28,2016. https://peerj.com/preprints/2274/. 最后访问日期：2023 年 11 月 6 日.

---

❶ Peer J. Open Advances. https://peerj.com/open-advances. 最后访问日期，2023 年 11 月 6 日.

（五）科学研究出版社（SCIRP）❶

科学研究出版社（SCIRP）是最大的 OA 期刊出版社之一，已经签署《布达佩斯开放获取倡议》并在线出版了 200 多种同行评议的 OA 期刊，涵盖各学科，其迎合了全球学术界的需求，促进了科学的进步和应用。

2013 年 4 月起，SCIRP 通过 CC BY 开放其出版的文章，如果作者希望对自己的作品保留更多控制权，则 SCIRP 可以通过 CC BY-NC 开放。同时，作者与 SCIRP 签署的版权协议为非专有许可，这意味着版权依然保留在作者手中。最终，SCIRP 上的文章呈现出"Copyright © 2016 by author(s) and Scientific Research Publishing Inc." 加 ![CC BY] 或 ![CC BY-NC] 的标记方式（图 5-6）。

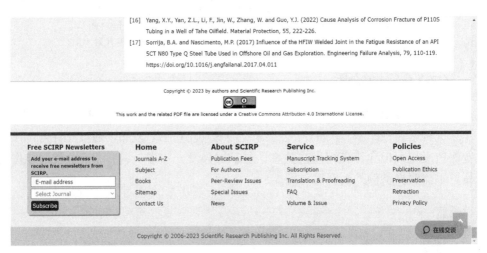

[16] Yang, X.Y., Yan, Z.L., Li, F., Jin, W., Zhang, W. and Guo, Y.J. (2022) Cause Analysis of Corrosion Fracture of P110S Tubing in a Well of Tahe Oilfield. Material Protection, 55, 222-226.

[17] Sorrija, B.A. and Nascimento, M.P. (2017) Influence of the HFIW Welded Joint in the Fatigue Resistance of an API 5CT N80 Type Q Steel Tube Used in Offshore Oil and Gas Exploration. Engineering Failure Analysis, 79, 110-119. https://doi.org/10.1016/j.engfailanal.2017.04.011

Copyright © 2023 by authors and Scientific Research Publishing Inc.

This work and the related PDF file are licensed under a Creative Commons Attribution 4.0 International License.

Free SCIRP Newsletters
Add your e-mail address to receive free newsletters from SCIRP.
E-mail address
Select Journal
Subscribe

Home
Journals A-Z
Subject
Books
Sitemap
Contact Us

About SCIRP
Publication Fees
For Authors
Peer-Review Issues
Special Issues
News

Service
Manuscript Tracking System
Subscription
Translation & Proofreading
FAQ
Volume & Issue

Policies
Open Access
Publication Ethics
Preservation
Retraction
Privacy Policy

Copyright © 2006-2023 Scientific Research Publishing Inc. All Rights Reserved.

🗨 在线交谈

图 5-6　SCIRP 出版的文章底部有版权及适用 CC BY 的声明

资料来源：WU J. Analysis on the Failure Causes of the Collapsed Tubing in an Oil Well[J]. World Journal of Engineering and Technology, 2023,1 1（4）. DOI: 10.4236/wjet.2023.114050. 最后访问日期，2023 年 11 月 7 日.

此外，关于预印本的传播方式，SCIRP 明确，论文无论在同行评议前（预印本）还是同行评议后（后印本），作者均完整拥有版权，这意味着作者在任何阶段都可以自由传播预印本的稿件。而直到文章经过同行评议且 SCIRP 确认录用并出版后，SCIRP 才要求作者给予非专有的版权许可，从此 SCIRP 将依据 CC 协议出版后印本。

---

❶ SCIRP. About SCIRP.　https://scirp.org/aboutus/index.aspx. 最后访问日期，2023 年 11 月 7 日.

（六）牛津大学出版社

牛津大学出版社（OUP）是牛津大学旗下负责出版的机构，而 OA 是 OUP 实现传播高质量研究的理想的关键途径，OUP 为其出版的学术研究的同行评审质量、出版道德和诚信标准等进行背书。据介绍，OUP 拥有 12 种钻石 OA 期刊（作者无须支付论文处理费，读者可以自由访问论文），120 种完全 OA 的期刊，超 250 本 OA 著作，超 22000 篇 OA 论文。❶在其文章检索界面，可以通过"是否开放获取""是否包含图片"及出版物、出版时间等条件进行筛选。

OUP 在线上平台动态更新其出版期刊的表单，截至 2023 年 11 月 7 日，OUP 已经出版近 500 种完全开放或者混合开放（比如部分板块的文章以传统订阅模式出版）的期刊，并注明了每种期刊所接受的 CC 协议类型和论文处理费用标准、币种等投稿信息。❷目前，前述系列期刊公开可接受的 CC 协议类型为 CC BY、CC BY-NC 和 CC BY-NC-ND（图 5-7），如果有特别需求需要适用未具名的开放许可协议，作者可以单独通过邮件与出版社联系、协调。

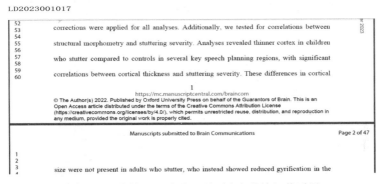

图 5-7　从 OUP 下载某篇 PDF 文章，首页底部脚注记载适用 CC BY 4.0

资料来源：MILLER H E, et al. A Comparison of Structural Morphometry in Children and Adults with Persistent Developmental Stuttering[J]. Brain Communications, 2023，3. https://doi.org/10.1093/braincomms/ fcad301. 最后访问日期，2023 年 11 月 7 日.

（七）美国科学公共图书馆

美国科学公共图书馆（PLOS）是一个非营利性组织，于 2001 年创立，主要

---

❶ Oxford Academic. Open Access. https://academic.oup.com/pages/open-research/open-access. 最后访问日期，2023 年 11 月 7 日。

❷ Oxford Academic. Charges, Licences, and Self-archiving. https://academic.oup.com/pages/open-research/open-access/charges-licences-and-self-archiving. 最后访问日期，2023 年 11 月 7 日。

聚焦医学领域的 OA 出版，并在 2003 年设立了 OA 期刊《PLOS 生物学》（PLOS BIOLOGY），在其第一篇 OA 文章出版后的一小时内吸引了 50 万名读者访问。2008 年，PLOS 参与举办了首个"国际开放获取周"，在全球推广 OA。❶ CC BY 是 PLOS 实现 OA 的主要法律工具，PLOS 认为，CC BY 平衡了学术信誉和广泛、快速地分享研究成果的需求。❷

图 5-8 展示了《PLOS 生物学》实施 OA 的一隅，可见除去通过标注"OPEN ACCESS"和"版权信息""适用 CC BY 4.0"之外，还很清楚地标识出"已经通过同行评议""数据获取方式""基金支持"等备受关注的学术出版信息。

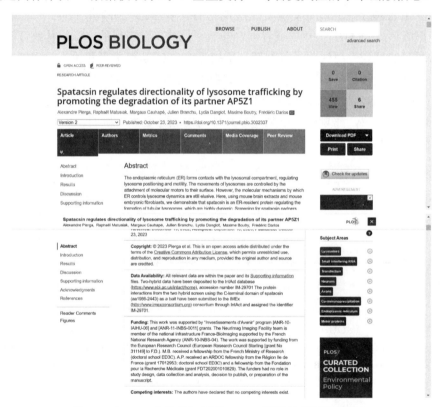

图 5-8　《PLOS 生物学》适用 CC BY 开放的某篇科技论文

资料来源: PIERGA A, et al. Spatacsin Regulates Directionality of Lysosome Trafficking by Promoting the degradation of Its Partner AP5Z1[J]. Plos Biology, 2023, https://doi.org/10.1371/journal.pbio. 3002337.

最后访问日期，2023 年 11 月 7 日。

---

❶ PLOS. Our History. https://plos.org/about/. 最后访问日期：2023 年 11 月 7 日。

❷ PLOS. Open Access. https://plos.org/open-science/open-access/. 最后访问日期：2023 年 11 月 7 日。

（八）施普林格自然

施普林格·自然（Springer Nature）是国际上知名的商业出版社。2014 年以来，施普林格·自然提出了转换期刊（transformative journals）理念❶，并率先推出了转换协议，与全球多个国家和机构达成了协议。施普林格·自然拥有大约 2000 本传统的订阅期刊同时为作者提供 OA 选项，此种 OA 属于典型的混合 OA 模式。作者可以根据自己的偏好、资助者或机构等因素选择是否开放，如果作者接受，则论文将在缴纳论文处理费后、发表的同时立即在其线上数据库开放获取。

同时，施普林格·自然还拥有大约 600 本完全 OA 的期刊，首选 CC BY 4.0 作为发表的开放许可协议（图 5-9），但包括在 Adis（荷兰 Wolters Kluwer 旗下的药学出版社）名下出版的少数期刊则使用 CC BY-NC 作为默认许可。此外，在 Springer Nature 上通过即时 OA 途径发表文章的作者可以在发表后更改其 CC 协议，但是仅限于将限制性更强的协议类型改为限制性最小的协议类型，且除非科研资助者有特殊要求，否则仅可要求更改为期刊提供的标准许可。❷

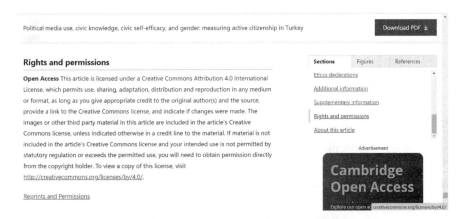

图 5-9　施普林格自然有专门版面描述其文章适用 CC BY 4.0

资料来源：ARSLAN H, et al. Political media use, civic knowledge, civic self-efficacy, and gender: measuring active citizenship in Turkey [J]. Humanities and Social Sciences Communications 2023, 10, https://doi.org/10.1057/s41599-023-02281-x. 最后访问日期：2023 年 11 月 7 日.

---

❶ INCHCOOMBE S. Alternative Conditions Needed for cOAlition S's Transformative Journal Proposal to Succeed 2021-8-10. https://www.springernature.com/gp/advancing-discovery/springboard/blog/alternative-conditions-needed-for-transformative-journals/17511190. 最后访问日期：2023 年 11 月 7 日.

❷ 中国科学技术协会. 中国科技期刊发展蓝皮书（2021）[M]. 北京：科学出版社，2021：185-186.

（九）爱思唯尔

知名的出版集团爱思唯尔（Elsevier）也认为 OA 是建立一个协作、包容和透明的研究世界的关键组成部分。❶为适应当前学术出版发展趋势，爱思唯尔在金色 OA 和绿色 OA 两种 OA 实现方式的基础上，制定了转换期刊标准，并在旗下 160 多种期刊中试行，并根据 OA 的不同方式设置了开放许可政策。❷

其中，爱思唯尔为金色 OA 的期刊提供介于商业许可和非商业 CC 协议之间的选择，具体取决于所投稿的期刊，需要访问期刊主页了解；对于开放的档案内容，爱思唯尔提出了一种特殊的爱思唯尔用户许可（Elsevier User License），允许使用者在遵守引注规范等要求的前提下，实施阅读、下载、打印、翻译、作文本和数据挖掘等行为，但不得再利用、传播及改编，并且这是一种非商业许可，意味着一切商业性利用开放档案内容都是禁止的；而对于绿色 OA 发表的论文或论文的投审稿，爱思唯尔要求适用 CC BY-NC-ND 许可。作者一旦选择金色 OA 或绿色 OA，便不可撤销。❸如图 5-10 所示，在爱思唯尔发布的文章中明确标注了"Under a Creative Commons License"，用户可以点击获取详细的OA 信息。

图 5-10　爱思唯尔发布的文章，点击 license（许可证）确认 CC 协议

资料来源：FIROOZI A A. A Systematic Review Of the Role of 4D Printing in Sustainable Civil Engineering Solutions[J]. Heliyon, 2023,9(10), https://doi.org/10.1016/j.heliyon.2023.e20982. 最后访问日期，2023 年 11 月 7 日.

---

❶ ELSEVIER. Open Access. https://www.elsevier.com/open-access. 最后访问日期： 2023 年 11 月 7 日.

❷ 中国科学技术协会. 中国科技期刊发展蓝皮书（2021）[M]. 北京：科学出版社，2021：188-189.

❸ ELSEVIER. Open Access Licenses. https://www.elsevier.com/about/policies-and-standards/open-access-licenses. 最后访问日期，2023 年 11 月 7 日.

综上，可从海外 OA 平台的实践中总结以下两点。

第一，在 OA 期刊领域，CC 4.0 协议似乎已经成为当下最主流的协议。具体到构成要素的选择，上述例子出现了"BY""BY-NC""BY-NC-ND"，而使用构成要素"SA"的文章相对较少，这一抽样符合调研结果❶，该结果在多大程度上体现出作者的主动选择，又在多大程度上受到 OA 平台的干预，尚需进一步调研，但至少体现出，作者更倾向于考虑是否允许他人商用和改编或翻译的问题，如果作者允许他人改编或翻译，更倾向于使用不带"ND"的版本，而不去刻意声明"SA"——恐怕是因为声明"SA"意味着译者对其译文也需要 OA，这会打消译者翻译论文的积极性，减少潜在译者的人数，不利于论文扩大传播的地域范围。

第二，在展示 CC 协议的方式方面，OA 平台都确保读者浏览文章的主页面和可下载的 PDF 文章可以看到 CC 协议，包括置于署名之后、页面底部、首页脚注或预留特殊版面位置，也可以通过文字或 logo 的方式呈现。有的平台甚至将适用 CC 协议的具体版本放在检索结果处，使读者在阅读文章内容前就可以知道具体适用的 CC 协议类型。

61

❶ 中国科学技术协会和国际科学，技术与医学出版商协会. 中国开放获取出版发展报告 2022，P17. https://www.cast.org.cn/xs/XGTJ/xzzx/art/2022/art_7b4886e15ab64813b8b55555679cd610.html. 最后访问日期：2023 年 11 月 6 日.

第六章

CC 协议与其他协议的比较

前文已就 CC 协议的诸多问题进行了介绍与梳理，想必科技期刊领域的工作者还对以下几方面问题存有疑惑——除 CC 协议，是否还有其他类型的主流开放获取协议可用于本领域？为什么国际主流的开放获取出版选择了 CC 协议？以下将介绍国内外可能用于开放获取的主流协议，并分析为什么目前开放获取出版领域是以 CC 协议为基础实现开放科学的。

一、国内发布的木兰开放作品许可协议[1]

为实现国内开源生态的自立，北京大学牵头，依托全国信息技术标准技术委员会云计算标准工作组和中国开源云联盟（COSCL），联合开源生态圈产学研优势团队和个体，尤其是开源法务和律师，起草、修订并发布了木兰许可证系列，以保证我国开源生态受国际力量打压时仍能健康发展。起初，木兰许可证系列主要围绕软件领域展开，包括"木兰宽松许可证"和"木兰公共许可证"等。后来，为保证我国开源生态在知识共享领域（内容类领域）也能健康发展，国防科技大学牵头，依托木兰开源社区，联合开放原子开源基金会、华为、思否等国内开源生态圈产学研各界优势团队，以及拥有丰富知识产权相关经验的众多律师，共同起草完成了"木兰开放作品许可协议"（Milen OWLs，以下简称"木兰协议"，内容详见本书附录）。

木兰协议共分为四大类：（1）署名（BY）；（2）署名-专利许可（BY-PL）；（3）署名-相同方式共享（BY-SA）；（4）署名-专利许可-相同方式共享

❶ 中国开源云联盟. 木兰开放作品许可协议. https://license.coscl.org.cn/. 最后访问日期，2023 年 12 月 7 日.

（BY-PL-SA）。即木兰协议围绕三个构成要素（协议套件）构建，包括"署名（BY）"
"专利许可（PL）""相同方式共享（SA）"。据其官方公众号"木兰开源社区"
的介绍，该协议与 CC 协议的区别如表 6-1 所示。

表 6-1　木兰协议与 CC 协议的主要差异

<table>
<tr><td colspan="2">异同点类别</td><td>木兰协议</td><td>CC 协议</td></tr>
<tr><td rowspan="2">相同点</td><td>协议对象</td><td colspan="2">均以适用非软件类作品为主</td></tr>
<tr><td>协议类别</td><td colspan="2">均为包含适用于不同场景协议的协议套件、均包含宽松型与限制型（SA）协议</td></tr>
<tr><td rowspan="5">不同点</td><td>演绎约束</td><td>面向开放作品，协议均允许演绎</td><td>包含禁止演绎（ND）的协议</td></tr>
<tr><td>专利许可</td><td>包含授予专利许可的协议</td><td>不包含授予专利许可的协议</td></tr>
<tr><td>商业使用</td><td>在满足协议条件的情况下允许商业用途</td><td>包含禁止商业使用（NC）约束的协议</td></tr>
<tr><td>语言表述</td><td>以中英文双语表述，中英文版本具有同等法律效力，中英文版本存在任何不一致的情况下以中文版为准</td><td>第一语言为英文</td></tr>
<tr><td>协议形式</td><td>单文本，精简条款，简洁易懂</td><td>三层结构，包含法律文本层、大众可读层以及机器可读层</td></tr>
</table>

资料来源：一组图读懂《木兰开放作品许可协议》. 微信公众号"木兰开源社区"，2023
年 1 月 12 日. https://mp.weixin.qq.com/s/ywvSoPT1-ZbZ5WN0jSe8Rg. 最后访问时间：2023 年
12 月 7 日.

　　结合木兰协议的文本比较分析，可以看到木兰协议与 CC 4.0 协议在实施层
面存在一致性，如都要求随附协议版本网址、作品来源网址，声明作品是否被
修改，都设置有违反要求时的整改"宽限期"。进一步，木兰协议的特性将给中
国使用者带来更多的优势。例如，协议的文本语言优选使用中文，法律术语参
照我国《著作权法》设计，更有利于结合我国司法实践和立法背景理解和解
释，从而明确规则含义，提高法律风险可控性。

　　同时，木兰协议创新性地设置了"专利许可"构成要素，确保无论创作
者是否事先就作品申请专利，都不会对合规的协议用户采取专利方面的法律行
动——这尤其有利于视觉艺术作品的传播，因为我国外观设计专利的客体与著
作权保护的客体有重叠，比如前者可以将标贴、玩具等具有艺术性外观的产品
申请为专利，同时这些外观又可能受《著作权法》下的美术作品保护，在这种
情况下，视觉艺术作者的用户会误认为可以放心根据开放获取协议使用作品（生

产产品），殊不知这样的行为会侵犯他人外观设计专利，此时的"开放获取协议"反而成为引诱用户承担专利侵权责任的"陷阱"。而在具有"专利许可"构成要素的木兰协议中，这一问题可能会得到改善。

不过，木兰协议的上述特性和优势，未必一定适用于科技期刊领域。

第一，木兰协议无论如何不得禁止用户对开放作品进行商用或进行演绎，这对于一些科研工作者而言，尤其是想要保护自己科研成果不被市场"染指"或者不希望他人篡改自己观点引起误会的科研工作者，恐怕难以接受。

第二，木兰协议特色解决的专利问题可能在视觉艺术领域或软件领域比较突出，而在以文字作品、图形作品（而非美术作品）为主的科技期刊领域，可能并无用武之地。此外，《中华人民共和国专利法》第五十一条对专利"开放许可"设置有特别的程序，包括由国务院专利行政部门予以公告，木兰协议的有关约定仅有"承诺"的效力，且"承诺"对应的专利具体内容如何、专利申请号如何均存在模糊性，具体效果有待实践进一步证明。

第三，木兰协议的产生背景是防止国际力量的不当打压影响我国开源生态，因此按照中国法律体系设计，所以其他国家的法律传统不一定能够很好地适应木兰协议。对于以外文撰写的科技论文，其受众可能主要是海外读者，传播的目标区域也是海外，如果使用木兰协议开放，很可能海外的传播者碍于版权风险不敢轻易转载，从而影响传播效率。

第四，我国《著作权法》司法实践对个别术语的理解还存在一些争议，木兰协议围绕这些术语设计，自然也存在一些争议，期待木兰协议的维护者可以进一步更新、释明。例如，严格来说，演绎行为不包含汇编行为，因为汇编后的作品（如杂志）还可以清楚地提取出被汇编的作品（单篇文章），而木兰协议对演绎作品的定义包括对原作品进行编排后形成的作品，该问题在木兰协议一律允许用户演绎的当前版本并不存在，但如果未来木兰协议颁布了"禁止演绎"的版本，此时科技期刊社就难以判断是否可以使用该作品汇编成论文集。再比如，木兰协议 BY、BY-SA 版本的第 3 条第 3 项以及木兰协议 BY-PL、BY-PL-SA 版本的第 4 条第（3）项约定，用户传播"演绎作品"时需要声明原作品已经被修改，但《著作权法》设置了"修改权"（人身权）和"改编权"（财产权）两个不同的权利，前者是作者无法放弃的人身权利（只能放弃维权，但不能放弃权利本身），木兰协议此处的"修改"应等同于"演绎"还是维持法律规定的"修改"的含义，还有待进一步澄清。

当然，木兰协议是我国开源生态独立工作的一大进步，随未来科技的发展和政策的变化，尤其随我国开放科学领域话语权的不断加强，木兰协议是否会更新并更加适用于科技期刊领域，还有待相关工作者根据时下情形进一步观察、比较。

二、"版佐"（copyleft）原则的开放获取作品许可协议

在海外，除 CC 协议还有很多可用于开放获取作品的许可协议。需澄清，虽然计算机软件中的源代码和目标代码也依法属于我国《著作权法》保护的作品，但此处讨论的"作品"不包含任何"代码"，因为类似于 GPL 的开源协议当然无法胜任科技期刊领域以文字开放获取为主的需求，所以无需讨论代码类的开源协议。

在海外非代码类的开放获取协议中，由自由软件基金会（Free Software Foundation，FSF）管理的自由软件运动相关许可证（此处许可证与"开放获取协议"近乎同义，本书遵循 FSF 将其翻译为"许可证"的习惯）占据主流。FSF 是一个致力于推广自由软件、促进计算机用户自由的美国民间非营利性组织，它于 1985 年 10 月由理查德·斯托曼建立，主要工作是执行 GNU 计划，此处衍生出的一系列非代码类作品许可证均秉持"版佐"原则，即与版权完全相反。在这个原则下，作品的使用者享有最大的权利，而著作权人具有最多的限制，这尤其体现在许可证的"传染性"，即适用某许可证的作品的衍生作品也必须使用相同许可证，确保整个创作链条上没有能够限制他人传播作品的权利人，所有用户都可以自由地传播作品。

不难看出，"版佐"精神的"传染性"与 CC 协议中的 SA 要素基本起到相同的效果，但这些秉持"版佐"原则的许可证只能选择类似于"BY-SA"的组合，既不能禁止他人商用自己的作品、演绎自己的作品——如前所述，这可能是一些科研工作者不希望看到的——也不存在类似"CC BY""CC 0"的放弃"传染性"的更宽松选择，相较 CC 协议稍显僵化。

除此之外，这些主流且与非代码类作品相关的许可证还存在各自的问题，举两例相对适宜用于文字出版领域的许可证。

1. FAL 1.3❶

FAL 1.3 于 2000 年 7 月编写，其目的是尽量减少版权对人类智力创作的限制，当创作者希望自己的创作物可以作为他人创作的基础以增加被演绎创作机会时，适宜使用 FAL 发布自己的作品。该许可证也是目前非代码类许可证中唯一与 CC 协议兼容的协议（详见本书第四章第二节），基本相当于 CC BY-SA 4.0——任何使用者都有使用、复制、传播和转换的自由，且使用者可以商业使用，但要遵守"传染性"即 SA，任何演绎作品也须以 FAL 进行发布。科技期刊几乎

---

❶ 参见：https://directory.fsf.org/wiki/License:LAL-1.3. 最后访问日期：2023 年 12 月 7 日.

不选择 FAL 的原因，除了前述存在无法选择其他构成要素的僵化问题外，更突出的是其定位已经被 CC BY-SA 4.0 替代，似乎没有放弃 CC 协议来选择 FAL 的必要。

2. 自由文档许可证❶

自由文档许可证（FDL）最新的 1.3 版是 2008 年 11 月 3 日发布的。根据我国《计算机软件保护条例》第三条第一款第（二）项的规定："'文档'，是指用来描述程序的内容、组成、设计、功能规格、开发情况、测试结果及使用方法的文字资料和图表等，如程序设计说明书、流程图、用户手册等。"在我国，"文档"属于"计算机软件"这一作品类型的组成部分。FDL 本是围绕计算机软件的功能性文档、介绍手册所设计的，但是，由于文字也是文档的主要组成部分，所以 FDL 也可以被用于其他的文字类作品，比如课本、字典等。

FDL 文本显然要比 CC 协议的文本复杂得多，比如对"次要章节""恒定章节""封面文字"作出定义，对使用者少量复制和超出 100 份的大量复制的情形作出区分，对用户发布修改版本作出多达 15 项的要求。总之，FDL 进一步存在的问题是，缺乏 CC 协议的易传播性。相较而言，CC 协议包含法律文本层、大众可读层及机器可读层，其中大众可读层比较符合科技工作者"抗拒阅读大段法律文本"的心理，科技期刊可以借助大众可读层的短短几行要求快速地令科技工作者了解 CC 协议的内容和适用后果。

---

❶ 参见：https://licenses.peaksol.org/fdlv1.3-zh.html. 最后访问日期：2023 年 12 月 7 日. 该协议发布组织已经明确声明，此文本非正式文本，仅作为理解协议内容的参考。

第七章

结　　语

在本书的撰写过程中，编写组走访了多家学会，发现无论是学会期刊编辑还是组织、规划的学会领导，均感同于"免费分享，自由交流"的科学精神，对实施开放获取和搭建国内开放获取平台总体上持积极态度。究其缘由：第一，开放获取使读者能快捷地获取本领域最新研究成果，进而促进科学知识更加无障碍地传播，有良好的社会效益；第二，开放获取在促进科研成果广泛传播的同时，提升了期刊的知名度和学术影响力，而传播力与影响力是期刊获取经济效益的重要基础；第三，开放获取符合学术共同体的发展理念；第四，开放获取对我国研究成果的对外传播可以起到积极的推动作用，有利于进一步提升所在研究领域的国际学术影响力与话语权。

可见，我国以学会、期刊社为核心形成了拟更好地实施开放获取的共同体，为回应共同体的共同期许，本书从法律角度，横向、纵向地编写了 CC 协议的合规路径指南，相信读者在学习了 CC 协议的法律性质、类型含义、兼容规则等内容后，能够对合规使用 CC 协议应对版权法律风险具有宏观的意识。

总之，只有从建立完善的著作权管理制度、加强知识产权保护意识、推进开放获取政策的制定和实施、加强国际合作与交流、提高编辑出版质量及培养专业的编辑出版人才等多方面入手，才能更好地提升科技期刊在国际交流中的法律主动性、合理性，增强我国在开放获取国际发展工作中的话语权。

附录

现行广泛使用的内容类型的开放
获取协议文本

一、CC 4.0 协议及 CC 0 中文译文

CC 协议署名 4.0（CC BY 4.0）国际版❶

通过行使本协议所授予的许可权利（详见后文定义），您接受并同意受到知识共享（Creative Commons，简写"CC"）署名 4.0 国际公共许可协议（以下简称"本公共许可协议"）的约束。从合同解释的角度来看，您获得授权的对价是接受本协议的条款，许可人授予您这些权利的对价是可以通过采用本协议条款发布授权作品（Licensed Material❷）而获得利益。

第一条　定义

　　a. 演绎作品：指受到著作权与"与著作权有关的权利"（以下简称"邻接权"）保护的，基于授权作品而创作的作品，例如对授权作品的翻译、

---

❶ 该协议译文转载自知识共享组织官方网站（https://creativecommons.org/licenses/by/4.0/legalcode.zh-hans），原文适用《CC BY-4.0 协议》（https://creativecommons.org/licenses/by/4.0/），本书结合我国《著作权法》的相关术语进行了校对，修改部分使用双下划线标示。

❷ 该词语直译为"许可证内容"，本书认为知识共享组织无法预先判断被声明 CC 协议的内容是否根据各国法律属于"作品"，故使用 Material 一词替代 work，本书后文延续将 Material 译为作品，但不应理解为该许可协议下所述客体必然属于我国《著作权法》保护的作品。

改编、编排、改写❶或其他依据著作权与<u>邻接权</u>需要获得权利人许可的修改。为本公共许可协议之目的，当授权作品为音乐作品、表演或录音时，将其依时间序列关系与动态影像配合一致而形成的作品，视为演绎作品。

b. <u>演绎作者的许可</u>：指您依据本公共许可协议对在演绎作品中自己所贡献的部分所享有的著作权与邻接权进行授权的协议。

c. <u>著作权与邻接权</u>：指著作权和/或与著作权紧密相关的<u>邻接权</u>。邻接权包括但不限于：表演者权、广播组织<u>者</u>权、录音录像制作者权，以及数据库特别权利，而不论上述权利的定义和归类如何。为本公共许可协议之目的，第二条 b 款第（1）项【<u>人身权利</u>】与第（2）项所列权利【<u>专利权、商标权</u>】不属于著作权与邻接权。

d. <u>有效的技术措施</u>：指根据各司法管辖区遵循《世界知识产权组织版权条约》（1996 年 12 月 20 日通过）第十一条或类似国际协定项下的义务所制定的法律，在没有适当的授权的情况下，禁止使用者规避的技术措施。

e. <u>例外与限制</u>：指合理使用和/或其他适用于您对授权作品的使用的著作权与<u>邻接权</u>的例外或限制。

f. <u>授权作品</u>：指许可人通过本公共许可协议授权的文学、艺术作品，数据库或其他作品。

g. <u>协议所授予的权利</u>：指依据本公共许可协议的条款和条件所授予您的各项权利，限于适用于您对授权作品的使用且许可人有权许可的所有著作权与<u>邻接权</u>。

h. <u>许可人</u>：指通过本公共许可协议进行授权的个人或组织。

i. <u>分享</u>：指以需要"协议所授予的权利"许可的任何方法或途径向公众提供作品，包括复制、<u>展览</u>、公开表演、发行、散布、传播或进口，<u>以及向公众传播以便</u>其能在个人选定的时间和地点接收作品。

j. <u>数据库特别权利</u>：指除了著作权之外，衍生于 1996 年 3 月 11 日通过的《欧洲议会与欧盟理事会关于数据库法律保护的指令》（Directive 96/9/EC）及其修改或后续版本的权利，或其他国家或地区本质上与之等同的权利。

k. <u>您</u>：指依据本公共许可协议行使其所获得授予之权利的个人或机构。"**您的**"有相应的含义。

69

---

❶ 知识共享组织由美国牵头成立，因此此处"演绎作品"的概念对应我国《著作权法》摄制、改编、翻译等形成作品，但不包含汇编的作品。

第二条　授权范围

a. 授权.

1. 根据本公共许可协议的条款，许可人授予您在全球范围内，免费的、不可再许可、非独占、不可撤销的许可，以对授权作品行使以下"协议所授予的权利"：

　　A. 复制和分享授权作品的全部或部分；以及

　　B. 创作、复制和分享演绎作品。

2. **例外和限制**：为避免疑义，若著作权的例外和限制适用于您对授权作品的使用，本公共许可协议将不适用，您也无须遵守本公共许可协议之条款。

3. **期限**：本公共许可协议的期限规定于第六条 a 款。

4. **媒介和形式；允许的技术修改**：许可人授权您在任何媒介以任何形式（不论目前已知的或未来出现的）行使本协议授予的权利，并为之进行必要的技术修改。许可人放弃和/或同意不主张任何权利以阻止您为了行使协议项下权利进行必要的技术修改，包括为规避有效技术措施所必需的技术修改。为了本公共许可协议之目的，基于第二条 a 款第（4）项进行的技术修改不构成演绎作品。

5. 后续接受者

　　A. 来自许可人的要约（offer）——授权作品：本授权作品的每一个后续接受者都自动取得许可人的要约，以按照本公共许可协议的条款行使协议授予的权利。

　　B. 禁止下游限制：您不得对授权作品提出或增加任何额外的或不同的条款，或使用任何有效技术措施，以限制授权作品后续接受者行使本协议所授予的权利。

6. 并非背书：本公共许可协议中的任何内容均不构成或不得被解释为允许您声明或主张以下内容：您或您对授权作品的使用与许可人或第三条 a 款第（1）项（A）目（i）所规定要求提供署名的权利人存在关联，或得到其赞助、同意或被授予官方地位。

b. **其他权利.**

1. 依据本公共许可协议，著作人身权（例如保护作品完整权）、形象权、隐私权或其他类似的人格权利，不在许可范围内。但是，在条件允许的情况下，许可人可以在必要范围内放弃和/或同意不主张其权利，以便您行使本协议所授予的权利。

2. 本公共许可协议不适用于任何专利权或商标权的许可。

3. 在自愿的或可放弃的法定或强制许可机制下，许可人在最大可能范围内放弃对您因行使本协议所授予的权利而产生的使用费的权利，不论是直接收取或通过集体管理组织收取。在其他任何情况下，许可人明确保留收取使用费的任何权利。

第三条　授权条件

您行使被许可的权利明确受以下条件限制：

a. **署名.**

1. 若您分享本授权作品（包含修改格式），您必须：

   A. 保留如下标识（如果许可人提供授权作品的同时提供如下标识）：

      i. 以许可人要求的任何合理方式,标识本授权作品创作者和其他被指定署名的人的身份(包括指定的笔名)；

      ii. 著作权声明；

      iii. 有关本公共许可协议的声明；

      iv. 有关免责的声明；

      v. 在合理可行情况下，本授权作品的网址（URI）或超链接；

   B. 表明您是否修改了本授权作品及保留任何先前修改的标记；及

   C. 表明授权作品依据本公共许可协议授权，并提供本公共许可协议全文，或者本公共许可协议的网址（URI）或超链接。

2. 依据您分享本授权作品的媒介、方法及情况，您可以采用任何合理方式满足第三条 a 款第（1）项的条件。例如，提供包含所要求信息来源的网址（URI）或超链接可算是合理地满足此处的条件。

3. 如果许可人要求，您必须在合理可行的范围内移除第三条 a 款第（1）项（A）目所要求的任何信息。

4. 如果您分享您创作的演绎作品，您适用的"演绎作者的许可"协议，不得使演绎作品的接收者无法遵守本公共许可协议（译者注：即演绎作品所使用许可证不得与本许可证相冲突）。

71

第四条　数据库特别权利

当协议所授予的权利包含数据库特别权利，而该数据库特别权利适用于您对授权作品的使用时：

a. 为避免疑义，第二条 a 款第（1）项授权您，摘录、再利用、复制和分享全部或绝大部分数据库资料；

b. 如果您将数据库资料的全部或绝大部分纳入您享有数据库特别权利的另一数据库，则您享有数据库特别权利的该数据库（而非其中的单个内容）视为演绎作品；

c. 如果您分享全部或大部分该数据库的资料，您必须遵守第三条 a 款规定的条件。

为避免疑义，当协议所授予的权利包含其他著作权与邻接权时，第四条补充且不取代本公共许可协议所规定的您的义务。

第五条　免责声明及责任限制条款

a. 除非许可人另有保证，否则在最大可能范围内，许可人按其现状和现有之基础提供授权作品，且没有就授权作品做出任何形式的陈述或保证：无论明示、默示、法定或其他形式，包括但不限于任何有关本授权作品的权属保证、可交易性、适于特定目的、未侵害他人权利、没有潜在或其他瑕疵、精确性或是否有错误，不管是否已知或可发现。当免责声明全部或部分不被允许时，该免责声明可能不适用于您（的情况）。

b. 在最大可能范围内，对于任何因本公共许可协议或使用授权作品引起的直接的、特殊的、间接的、附随的、连带的、惩罚性的、警告性的，或其他的损失、成本、费用或损害，许可人不对您负任何法律上或其他的责任（包括但不限于过失责任）。当责任限制条款部分或全部不被允许时，该限制可能不适用于您（的情况）。

c. 前述免责及责任限制声明，应尽可能以最接近于完全排除全部责任的方式解释。

第六条　期限与终止

a. 本公共许可协议在著作权与邻接权的存续期间内有效。然而，如果您没有遵守此公共许可协议，则您依据此公共许可协议享有的权利自动终止。

b. 当您使用本授权作品的权利根据第六条 a 款终止时，您的权利在下述情况下恢复：

　　1. 自违反协议的行为纠正之日起自动恢复，但须在您发现违反情形后 30 日内纠正；或

　　2. 根据许可人明示恢复权利的意思表示。

为避免疑义,本公共许可协议第六条 b 款不影响许可人就您违反本公共许可协议的行为寻求法律救济。

c. 为避免疑义,许可人也可以在任何时间,以另外的条款或条件提供本授权作品,或者停止传播本授权作品;然而,许可人此种行为不会终止本公共许可协议。

d. 本协议第一、五、六、七及第八条,不因本公共许可协议终止而失效。

第七条 其他条款和条件

a. 除非明示同意,否则许可人不受您表达的任何附加或不同条款或条件约束。

b. 本公共许可协议未提及的关于授权作品之任何安排、共识或协议,不属于且独立于本公共许可协议的条款及条件。

第八条 解释

a. 为避免疑义,本许可协议不会也不应被解释为减少、限制、约束或施加条件于无需本公共许可协议授权即可依法行使的对授权作品的任何使用。

b. 在最大可能范围内,如果本公共许可协议的任何条款被视为无法执行,该条款在必要的最小限度内,自动调整至可以执行。如果该条款不能被调整,其应自本公共许可协议中排除适用,不影响其余条款的效力。

c. 除非许可人明示同意,本公共许可协议的任何条款或条件均不得放弃。

d. 本公共许可协议条款不构成、也不得被解释为限制或者放弃适用于许可人或您的特权或豁免,包括豁免于任何司法管辖区或行政机构的法律程序。

CC 协议署名–相同方式共享 4.0（CC BY–SA 4.0）国际版❶

通过行使本协议所授予的许可权利（详见后文定义），您接受并同意受到知识共享（Creative Commons，简写"CC"）署名–相同方式共享4.0 国际公共许可协议（以下简称"本公共许可协议"）的约束。从合同解释的角度来看，您获得授权的对价是接受本协议的条款，许可人授予您这些权利的对价是可以通过采用本协议条款发布授权作品（Licensed Material）而获得利益。

第一条　定　义

a. 演绎作品：指受到著作权与"与著作权有关的权利"（以下简称"邻接权"）保护的，基于授权作品而创作的作品，例如对授权作品的翻译、改编、编排、改写或其他依据著作权与邻接权需要获得权利人许可的修改。为本公共许可协议之目的，当授权作品为音乐作品、表演或录音时，将其依时间序列关系与动态影像配合一致而形成的作品，视为演绎作品。

b. 演绎作者的许可：指您依据本公共许可协议对在演绎作品中自己所贡献的部分所享有的著作权与邻接权进行授权的协议。

c. *署名—相同方式共享兼容协议：指在 creativecommons.org/compatiblelicense 上列出且经知识共享组织认可、实质上与本公共许可协议相当的协议。*

d. 著作权与邻接权：指著作权和/或与著作权紧密相关的邻接权。邻接权包括但不限于：表演者权、广播组织者权、录音录像制作者权，以及数据库的特别权利，而不论上述权利的定义和归类如何。为本公共许可协议之目的，第二条 b 款第（1）项【人身权利】与第（2）项所列权利【专利权、商标权】不属于著作权与邻接权。

e. 有效的技术措施：指根据各司法管辖区遵循《世界知识产权组织版权条约》（1996 年 12 月 20 日通过）第十一条或类似国际协定项下的义务所制定的法律，在没有适当的授权的情况下，禁止使用者规避的技术措施。

f. 例外与限制：指合理使用和/或其他适用于您对授权作品的使用的著作权与邻接权的例外或限制。

---

❶ 该协议译文转载自知识共享组织官方网站（https://creativecommons.org/licenses/by-sa/4.0/legalcode.zh-hans），原文适用《CC BY-4.0 协议》（https://creativecommons.org/licenses/by/4.0/），本书结合我国《著作权法》的相关术语进行了校对，修改部分使用双下划线标示，与前文《CC 协议署名 4.0（CC BY 4.0）国际版》不同之处以斜体字体现。

g. *授权要素：指知识共享公共许可协议（CCPL）名称中所包含的协议特征。本公共许可协议的授权要素包括：署名和相同方式共享。*

h. 授权作品：指许可人通过本公共许可协议授权的文学、艺术作品，数据库或其他作品。

i. 协议所授予的权利：指依据本公共许可协议的条款和条件所授予您的各项权利，限于适用于您对授权作品的使用且许可人有权许可的所有著作权与邻接权。

j. 许可人：指通过本公共许可协议进行授权的个人或组织。

k. 分享：指以需要"协议所授予的权利"许可的任何方法或途径向公众提供作品，包括复制、展览、公开表演、发行、散布、传播或进口，以及向公众传播以便其能在个人选定的时间和地点接收作品。

l. 数据库特别权利：指除了著作权之外，衍生于 1996 年 3 月 11 日通过的《欧洲议会与欧盟理事会关于数据库法律保护的指令》（Directive 96/9/EC）及其修改或后续版本的权利，或其他国家或地区本质上与之等同的权利。

m. 您：指依据本公共许可协议行使其所获得授予之权利的个人或机构。**"您的"**有相应的含义。

第二条　授权范围

a. 授权

1. 根据本公共许可协议的条款，许可人授予您在全球范围内，免费的、不可再许可、非独占、不可撤销的许可，以对授权作品行使以下"协议所授予的权利"：

   A. 复制和分享授权作品的全部或部分；以及

   B. 创作、复制和分享演绎作品。

2. **例外和限制：**为避免疑义，若著作权的例外和限制适用于您对授权作品的使用，本公共许可协议将不适用，您也无须遵守本公共许可协议之条款。

3. **期限：**本公共许可协议的期限规定于第六条 a 款。

4. **媒介和形式；允许的技术修改：**许可人授权您在任何媒介以任何形式（不论目前已知的或未来出现的）行使本协议授予的权利，并为之进行必要的技术修改。许可人放弃和/或同意不主张任何权利以阻止您为了行使协议项下权利进行必要的技术修改，包括为规避有效技术措施所必需的技术修改。为了本公共许可协议之目的，基于第二条 a 款第（4）项进行的技术修改不

构成演绎作品。

5. 后续接受者

    A. <u>来自许可人的要约（offer）——授权作品</u>：本授权作品的每一个后续接受者都自动取得许可人的要约，以按照本公共许可协议的条款行使协议授予的权利。

    B. *<u>来自许可人的额外要约——演绎作品</u>：您基于授权作品创作的演绎作品的每一个后续接受者都自动取得许可人的要约，以按照您所适用的"演绎作者的许可"协议的条款行使协议所授予的权利。*

    C. <u>禁止下游限制</u>：您不得对授权作品提出或增加任何额外的或不同的条款，或使用任何有效技术措施，以限制授权作品后续接受者行使本协议所授予的权利。

6. <u>并非背书</u>：本公共许可协议中的任何内容均不构成或不得被解释为允许您声明或主张以下内容：您或您对授权作品的使用与许可人或第三条 a 款第（1）项（A）目（i）所规定要求提供署名的权利人<u>存在关联</u>，或得到其赞助、同意或被授予<u>官方</u>地位。

b. **其他权利**

1. 依据本公共许可协议，著作人身权<u>（例如保护作品完整权）</u>、形象权、隐私权或其他类似的人格权利，不在许可范围内。但是，在条件允许的情况下，许可人可以在必要范围内放弃和/或同意不主张其权利，以便您行使本协议所授予的权利。

2. 本公共许可协议不适用于任何专利权或商标权<u>的</u>许可。

3. 在自愿的或可放弃的法定或强制许可机制下，许可人在最大可能范围内放弃对您因行使本协议所授予的权利而产生的使用费的权利，不论是直接收取或通过集体管理组织收取。在其他任何情况下，许可人明确保留收取使用费的任何权利。

第三条 授权条件

您行使被许可的权利明确受以下条件限制：

a. **署名**

1. 若您分享本授权作品（包含其修改格式），您必须：

    A. 保留如下标识（如果许可人提供授权作品的同时提供如下标识）：

        i. 以许可人要求的任何合理方式，标识本授权作品的创作者和其他被指定署名的人的身份（包括指定的笔名）；

    ii. 著作权声明；

   iii. 有关本公共许可协议的声明；

   iv. 有关免责的声明；

    v. 在合理可行情况下，本授权作品的网址（URI）或超链接；

B. 表明您是否修改了本授权作品及保留任何先前修改的标记；及

C. 表明授权作品依据本公共许可协议授权，并提供本公共许可协议全文，或者本公共许可协议的网址（URI）或超链接。

2. 依据您分享本授权作品的媒介、方法及情况，您可以采用任何合理方式满足第三条 a 款第（1）项的条件。例如，提供包含所要求信息来源的网址（URI）或超链接可算是合理地满足此处的条件。

3. 如果许可人要求，您必须在合理可行的范围内移除第三条 a 款第（1）项（A）目所要求的任何信息。

b. 相同方式共享

除 第三条 a 款的条件外，如果您分享您创作的演绎作品，则下列条件也适用：

1. 您适用的"演绎作者的许可"协议必须是与本许可协议具有相同授权要素的知识共享许可协议（可以是本版本或后续版本），或者其他与"署名－相同方式共享"协议兼容的许可协议。

2. 您必须提供您适用的"演绎作者的许可"协议全文或者该许可协议的网址（URI）或超链接。依据您分享您的演绎作品所使用的媒介、方法及情况，您可以采用任何合理方式满足此条件。

3. 您不得提出或施加任何附加或不同的条款或条件、或在演绎作品上应用任何有效的技术措施，以限制使用者行使依您所适用的"演绎作者的许可"协议所授予的权利。

第四条 数据库特别权利

当协议所授予的权利包含数据库特别权利，而该数据库特别权利适用于您对授权作品的使用时：

a. 为避免疑义，第二条 a 款第（1）项授权您，摘录、再利用、复制和分享全部或绝大部分数据库资料；

b. 如果您将数据库资料的全部或绝大部分纳入您享有数据库特别权利的另一数据库，则您享有数据库特别权利的该数据库（而非其中的单个内容）视为演绎作品，*适用第三条 b 款的要求*；

c. 如果您分享全部或大部分该数据库的资料，您必须遵守第三条 a 款规定的条件。

为避免疑义，当协议所授予的权利包含其他著作权与邻接权时，第四条补充且不取代本公共许可协议所规定的您的义务。

第五条 免责声明及责任限制条款

a. 除非许可人另有保证，否则在最大可能范围内，许可人按其现状和现有之基础提供授权作品，且没有就授权作品做出任何形式的陈述或保证：无论明示、默示、法定或其他形式，包括但不限于任何有关本授权作品的权属保证、可交易性、适于特定目的、未侵害他人权利、没有潜在或其他瑕疵、精确性或是否有错误，不管是否已知或可发现。当免责声明全部或部分不被允许时，该免责声明可能不适用于您（的情况）。

b. 在最大可能范围内，对于任何因本公共许可协议或使用授权作品引起的直接的、特殊的、间接的、附随的、连带的、惩罚性的、警告性的，或其他的损失、成本、费用或损害，许可人不对您负任何法律上或其他的责任（包括但不限于过失责任）。当责任限制条款部分或全部不被允许时，该限制可能不适用于您（的情况）。

c. 前述免责及责任限制声明，应尽可能以最接近于完全排除全部责任的方式解释。

第六条 期限与终止

a. 本公共许可协议在著作权与邻接权的存续期间内有效。然而，如果您没有遵守此公共许可协议，则您依据此公共许可协议享有的权利自动终止。

b. 当您使用本授权作品的权利根据第六条 a 款终止时，您的权利在下述情况下恢复：

    1. 自违反协议的行为纠正之日起自动恢复，但须在您发现违反情形后 30 日内纠正；或

    2. 根据许可人明示恢复权利的意思表示。

为避免疑义，本公共许可协议第六条 b 款不影响许可人就您违反本公共许可协议的行为寻求法律救济。

c. 为避免疑义，许可人也可以在任何时间，以另外的条款或条件提供本授权作品，或者停止传播本授权作品；然而，许可人此种行为不会终止本

公共许可协议。

d. 本协议第一、五、六、七及第八条，不因本公共许可协议终止而失效。

第七条　其他条款和条件

a. 除非明示同意，否则许可人不受您表达的任何附加或不同条款或条件约束。

b. 本公共许可协议未提及的关于授权作品之任何安排、共识或协议，不属于且独立于本公共许可协议的条款及条件。

第八条　解释

a. 为避免疑义，本许可协议不会也不应被解释为减少、限制、约束或施加条件于无需本公共许可协议授权即可依法行使的对授权作品的任何使用。

b. 在最大可能范围内，如果本公共许可协议的任何条款被视为无法执行，该条款在必要的最小限度内，自动调整至可以执行。如果该条款不能被调整，其应自本公共许可协议中排除适用，不影响其余条款的效力。

c. 除非许可人明示同意，本公共许可协议的任何条款或条件均不得放弃。

d. 本公共许可协议条款不构成、也不得被解释为限制或者放弃适用于许可人或您的特权或豁免，包括豁免于任何司法管辖区或行政机构的法律程序。

CC 协议署名–非商业性使用 4.0（CC BY–NC 4.0）国际版❶

通过行使本协议所授予的许可权利（详见后文定义），您接受并同意受到知识共享（Creative Commons，简写"CC"）*署名–非商业性使用* 4.0 国际公共许可协议（以下简称"本公共许可协议"）的约束。从合同解释的角度来看，您获得授权的对价是接受本协议的条款，许可人授予您这些权利的对价是可以通过采用本协议条款发布授权作品（Licensed Material）而获得利益。

第一条　定义

a. 演绎作品：指受到著作权与"与著作权有关的权利"（以下简称"邻接权"）保护的，基于授权作品而创作的作品，例如对授权作品的翻译、改编、编排、改写或其他依据著作权与邻接权需要获得权利人许可的修改。为本公共许可协议之目的，当授权作品为音乐作品、表演或录音时，将其依时间序列关系与动态影像配合一致而形成的作品，视为演绎作品。

b. 演绎作者的许可：指您依据本公共许可协议对在演绎作品中自己所贡献的部分所享有的著作权与邻接权进行授权的协议。

c. 著作权与邻接权：指著作权和/或与著作权紧密相关的邻接权。邻接权包括但不限于：表演者权、广播组织者权、录音录像制作者权，以及数据库的特别权利，而不论上述权利的定义和归类如何。为本公共许可协议之目的，第二条 b 款第（1）项【人身权利】与第（2）项所列权利【专利权、商标权】不属于著作权与邻接权。

d. 有效的技术措施：指根据各司法管辖区遵循《世界知识产权组织版权条约》（1996 年 12 月 20 日通过）第十一条或类似国际协定项下的义务所制定的法律，在没有适当的授权的情况下，禁止使用者规避的技术措施。

e. 例外与限制：指合理使用和/或其他适用于您对授权作品的使用的著作权与邻接权的例外或限制。

f. 授权作品：指许可人通过本公共许可协议授权的文学、艺术作品，数据库或其他作品。

---

❶ 该协议译文转载自知识共享组织官方网站（https://creativecommons.org/licenses/by-nc/4.0/legalcode.zh-hans），原文适用《CC BY-4.0 协议》（https://creativecommons.org/licenses/by/4.0/），本书结合我国《著作权法》的相关术语进行了校对，修改部分使用双下划线标示，与前文《CC 协议署名 4.0（CC BY 4.0）国际版》不同之处以斜体字体现。

g. 协议所授予的权利：指依据本公共许可协议的条款和条件所授予您的各项权利，限于适用于您对授权作品的使用且许可人有权许可的所有著作权与邻接权。

h. 许可人：指通过本公共许可协议进行授权的个人或组织。

i. *非商业性使用：指该使用的主要意图或者指向并非获取商业优势或金钱报酬。为本公共许可协议之目的，以数字文件共享或类似方式，用授权作品交换其他受到著作权与邻接权保护的作品是非商业性使用，只要该交换不涉及金钱报酬的支付。*

j. 分享：指以需要"协议所授予的权利"许可的任何方法或途径向公众提供作品，包括复制、展览、公开表演、发行、散布、传播或进口，以及向公众传播以便其能在个人选定的时间和地点接收作品。

k. 数据库特别权利：指除了著作权之外，衍生于 1996 年 3 月 11 日通过的《欧洲议会与欧盟理事会关于数据库法律保护的指令》（Directive 96/9/EC）及其修改或后续版本的权利，或其他国家或地区本质上与之等同的权利。

l. 您：指依据本公共许可协议行使其所获得授予之权利的个人或机构。**"您的"** 有相应的含义。

第二条　授权范围

a. **授权**

1. 根据本公共许可协议的条款，许可人授予您在全球范围内，免费的、不可再许可、非独占、不可撤销的许可，以对授权作品行使以下"协议所授予的权利"：

     A. 复制和分享授权作品的全部或部分，*仅限于非商业性使用*；以及

     B. *为非商业目的*创作、复制和分享演绎作品。

2. **例外和限制：** 为避免疑义，若著作权的例外和限制适用于您对授权作品的使用，本公共许可协议将不适用，您也无须遵守本公共许可协议之条款。

3. **期限：** 本公共许可协议的期限规定于第六条 a 款。

4. **媒介和形式；允许的技术修改：** 许可人授权您在任何媒介以任何形式（不论目前已知的或未来出现的）行使本协议授予的权利，并为之进行必要的技术修改。许可人放弃和/或同意不主张任何权利以阻止您为了行使协议项下权利进行必要的技术修改，包括为规避有效技术措施所必须的技术修改。为了本公共

许可协议之目的，基于第二条 a 款第（4）项进行的技术修改不构成演绎作品。

5. 后续接受者

    A. 来自许可人的要约（offer）——授权作品：本授权作品的每一个后续接受者都自动取得许可人的要约，以按照本公共许可协议的条款行使协议授予的权利。

    B. 禁止下游限制：您不得对授权作品提出或增加任何额外的或不同的条款，或使用任何有效技术措施，以限制授权作品后续接受者行使本协议所授予的权利。

6. 并非背书：本公共许可协议中的任何内容均不构成或不得被解释为允许您声明或主张以下内容：您或您对授权作品的使用与许可人或第三条 a 款第（1）项（A）目（i）所规定要求提供署名的权利人存在关联，或得到其赞助、同意或被授予官方地位。

b. 其他权利

1. 依据本公共许可协议，著作人身权（例如保护作品完整权）、形象权、隐私权或其他类似的人格权利，不在许可范围内。但是，在条件允许的情况下，许可人可以在必要范围内放弃和/或同意不主张其权利，以便您行使本协议所授予的权利。

2. 本公共许可协议不适用于任何专利权或商标权的许可。

3. 在自愿的或可放弃的法定或强制许可机制下，许可人在最大可能范围内放弃对您因行使本协议所授予的权利而产生的使用费的权利，不论是直接收取或通过集体管理组织收取。在其他任何情况下，许可人明确保留收取使用费的任何权利。

第三条　授权条件

您行使被许可的权利明确受以下条件限制：

a. **署名**

1. 若您分享本授权作品（包含其修改格式），您必须：

    A. 保留如下标识（如果许可人提供授权作品的同时提供如下标识）：

        i. 以许可人要求的任何合理方式，标识本授权作品的创作者和其他被指定署名的人的身份（包括指定的笔名）；

        ii. 著作权声明；

        iii. 有关本公共许可协议的声明；

ⅳ. 有关免责的声明；

ⅴ. 在合理可行情况下，本授权作品的网址（URI）或超链接；

B. 表明您是否修改了本授权作品及保留任何先前修改的标记；及

C. 表明授权作品依据本公共许可协议授权，并提供本公共许可协议全文，或者本公共许可协议的网址（URI）或超链接。

2. 依据您分享本授权作品的媒介、方法及情况，您可以采用任何合理方式满足第三条 a 款第（1）项的条件。例如，提供包含所要求信息来源的网址（URI）或超链接可算是合理地满足此处的条件。

3. 如果许可人要求，您必须在合理可行的范围内移除第三条 a 款第（1）项（A）目所要求的任何信息。

4. 如果您分享您创作的演绎作品，您适用的"演绎作者的许可"协议，不得使演绎作品的接收者无法遵守本公共许可协议（译者注：即演绎作品所使用许可证不得与本许可证相冲突）。

第四条　数据库特别权利

当协议所授予的权利包含数据库特别权利，而该数据库特别权利适用于您对授权作品的使用时：

a. 为避免疑义，第二条 a 款第（1）项授权您，仅限于以非商业性目的，摘录、再利用、复制和分享全部或绝大部分数据库资料；

b. 如果您将数据库资料的全部或绝大部分纳入您享有数据库特别权利的另一数据库，则您享有数据库特别权利的该数据库（而非其中的单个内容）视为演绎作品；

c. 如果您分享全部或大部分该数据库的资料，您必须遵守第三条 a 款规定的条件。

为避免疑义，当协议所授予的权利包含其他著作权与邻接权时，第四条补充且不取代本公共许可协议所规定的您的义务。

第五条　免责声明及责任限制条款

a. 除非许可人另有保证，否则在最大可能范围内，许可人按其现状和现有之基础提供授权作品，且没有就授权作品做出任何形式的陈述或保证：无论明示、默示、法定或其他形式，包括但不限于任何有关本授权作品的权属保证、可交易性、适于特定目的、未侵害他人权利、没有潜在或

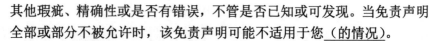

其他瑕疵、精确性或是否有错误，不管是否已知或可发现。当免责声明全部或部分不被允许时，该免责声明可能不适用于您（的情况）。

b. 在最大可能范围内，对于任何因本公共许可协议或使用授权作品引起的直接的、特殊的、间接的、附随的、连带的、惩罚性的、警告性的，或其他的损失、成本、费用或损害，许可人不对您负任何法律上或其他的责任（包括但不限于过失责任）。当责任限制条款部分或全部不被允许时，该限制可能不适用于您（的情况）。

c. 前述免责及责任限制声明，应尽可能以最接近于完全排除全部责任的方式解释。

第六条　期限与终止

a. 本公共许可协议在著作权与邻接权的存续期间内有效。然而，如果您没有遵守此公共许可协议，则您依据此公共许可协议享有的权利自动终止。

b. 当您使用本授权作品的权利根据第六条 a 款终止时，您的权利在下述情况下恢复：

　　1. 自违反协议的行为纠正之日起自动恢复，但须在您发现违反情形后 30 日内纠正；或

　　2. 根据许可人明示恢复权利的意思表示。

为避免疑义，本公共许可协议第六条 b 款不影响许可人就您违反本公共许可协议的行为寻求法律救济。

c. 为避免疑义，许可人也可以在任何时间，以另外的条款或条件提供本授权作品，或者停止传播本授权作品；然而，许可人此种行为不会终止本公共许可协议。

d. 本协议第一、五、六、七及第八条，不因本公共许可协议终止而失效。

第七条　其他条款和条件

a. 除非明示同意，否则许可人不受您表达的任何附加或不同条款或条件约束。

b. 本公共许可协议未提及的关于授权作品之任何安排、共识或协议，不属于且独立于本公共许可协议的条款及条件。

第八条　解释

a. 为避免疑义，本许可协议不会也不应被解释为减少、限制、约束或施加条件于无需本公共许可协议授权即可依法行使的对授权作品的任何使用。

b. 在最大可能范围内，如果本公共许可协议的任何条款被视为无法执

行，该条款在必要的最小限度内，自动调整至可以执行。如果该条款不能被调整，其应自本公共许可协议中排除适用，不影响其余条款的效力。

c. 除非许可人明示同意，本公共许可协议的任何条款或条件均不得放弃。

d. 本公共许可协议条款不构成、也不得被解释为限制或者放弃适用于许可人或您的特权或豁免，包括豁免于任何司法管辖区或行政机构的法律程序。

CC 协议署名–非商业性使用–相同方式共享 4.0（CC BY–NC–SA 4.0）国际版❶

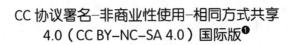

通过行使本协议所授予的许可权利（详见后文定义），您接受并同意受到知识共享（Creative Commons，简写"**CC**"）*署名-非商业性使用-相同方式共享 4.0 国际公共许可协议*（以下简称"**本公共许可协议**"）的约束。从合同解释的角度来看，您获得授权的对价是接受本协议的条款，许可人授予您这些权利的对价是可以通过采用本协议条款发布授权作品（Licensed Material）而获得利益。

第一条　定义

a. 演绎作品：指受到著作权与"与著作权有关的权利"（以下简称"**邻接权**"）保护的，基于授权作品而创作的作品，例如对授权作品的翻译、改编、编排、改写或其他依据著作权与邻接权需要获得权利人许可的修改。为本公共许可协议之目的，当授权作品为音乐作品、表演或录音时，将其依时间序列关系与动态影像配合一致而形成的作品，视为演绎作品。

b. 演绎作者的许可：指您依据本公共许可协议对在演绎作品中自己所贡献的部分所享有的著作权与邻接权进行授权的协议。

c. *署名—非商业性使用—相同方式共享兼容协议：指在creativecommons.org/compatiblelicenses 上列出且经知识共享组织认可、实质上与本公共许可协议相当的协议。*

d. 著作权与邻接权：指著作权和/或与著作权紧密相关的邻接权。邻接权包括但不限于：表演者权、广播组织者权、录音录像制作者权，以及数据库特别权利，而不论上述权利的定义和归类如何。为本公共许可协议之目的，第二条 b 款第（1）项【人身权利】与第（2）项所列权利【专利权、商标权】不属于著作权与邻接权。

e. 有效的技术措施：指根据各司法管辖区遵循《世界知识产权组织版权条约》（1996 年 12 月 20 日通过）第十一条或类似国际协定项下的义务所制定的法律，在没有适当的授权的情况下，禁止使用者规避的技术措施。

---

❶ 该协议译文转载自知识共享组织官方网站（https://creativecommons.org/licenses/by-nc-sa/4.0/legalcode.zh-hans），原文适用《CC BY-4.0 协议》（https://creativecommons.org/licenses/by/4.0/），本书结合我国《著作权法》的相关术语进行了校对，修改部分使用双下划线标示，与前文《CC 协议署名 4.0（CC BY 4.0）国际版》不同之处以斜体字体现。

f. 例外与限制：指合理使用和/或其他适用于您对授权作品的使用的著作权与邻接权的例外或限制。

g. *授权要素：指知识共享公共许可协议（CCPL）名称中所包含的协议特征。本公共许可协议的授权要素包括：署名、非商业性使用和相同方式共享。*

h. 授权作品：指许可人通过本公共许可协议授权的文学、艺术作品，数据库或其他作品。

i. 协议所授予的权利：指依据本公共许可协议的条款和条件所授予您的各项权利，限于适用于您对授权作品的使用且许可人有权许可的所有著作权与邻接权。

j. 许可人：指通过本公共许可协议进行授权的个人或组织。

k. *非商业性使用：指该使用的主要意图或者指向并非获取商业优势或金钱报酬。为本公共许可协议之目的，以数字文件共享或类似方式，用授权作品交换其他受到著作权与邻接权保护的作品是非商业性使用，只要该交换不涉及金钱报酬的支付。*

l. 分享：指以需要"协议所授予的权利"许可的任何方法或途径向公众提供作品，包括复制、展览、公开表演、发行、散布、传播或进口，以及向公众传播以便其能在个人选定的时间和地点接收作品。

m. 数据库特别权利：指除了著作权之外，衍生于 1996 年 3 月 11 日通过的《欧洲议会与欧盟理事会关于数据库法律保护的指令》（Directive 96/9/EC）及其修改或后续版本的权利，或其他国家或地区本质上与之等同的权利。

n. 您：指依据本公共许可协议行使其所获得授予之权利的个人或机构。**"您的"**有相应的含义。

第二条　授权范围

a. **授权**

　　1. 根据本公共许可协议的条款，许可人授予您在全球范围内，免费的、不可再许可、非独占、不可撤销的许可，以对授权作品行使以下"协议所授予的权利"：

　　　　A. 复制和分享授权作品的全部或部分，*仅限于非商业性使用*【译者注：英文原文无此要求，为译者添加】；以及

　　　　B. *为非商业目的创作、复制和分享演绎作品。*

　　2. **例外和限制：**为避免疑义，若著作权的例外和限制适用于您对授权作品的使用，本公共许可协议将不适用，您也无须遵守本

公共许可协议之条款。

3. **期限：**本公共许可协议的期限规定于第六条 a 款。

4. **媒介和形式；允许的技术修改：**许可人授权您在任何媒介以任何形式（不论目前已知的或未来出现的）行使本协议授予的权利，并为之进行必要的技术修改。许可人放弃和/或同意不主张任何权利以阻止您为了行使协议项下权利进行必要的技术修改，包括为规避有效技术措施所必需的技术修改。为了本公共许可协议之目的，基于第二条 a 款第（4）项进行的技术修改不构成演绎作品。

5. 后续接受者

    A. 来自许可人的要约（offer）——授权作品：本授权作品的每一个后续接受者都自动取得许可人的要约，以按照本公共许可协议的条款行使协议授予的权利。

    B. *来自许可人的额外要约——演绎作品：您基于授权作品创作的演绎作品的每一个后续接受者都自动取得许可人的要约，以按照您所适用的"演绎作者的许可"协议的条款行使协议所授予的权利。*

    C. 禁止下游限制：您不得对授权作品提出或增加任何额外的或不同的条款，或使用任何有效技术措施，以限制授权作品后续接受者行使本协议所授予的权利。

6. 并非背书：本公共许可协议中的任何内容均不构成或不得被解释为允许您声明或主张以下内容：您或您对授权作品的使用与许可人或第三条 a 款第（1）项（A）目（i）所规定要求提供署名的权利人存在关联，或得到其赞助、同意或被授予官方地位。

b. **其他权利**

1. 依据本公共许可协议，著作人身权（例如保护作品完整权）、形象权、隐私权或其他类似的人格权利，不在许可范围内。但是，在条件允许的情况下，许可人可以在必要范围内放弃和/或同意不主张其权利，以便您行使本协议所授予的权利。

2. 本公共许可协议不适用于任何专利权或商标权的许可。

3. 在自愿的或可放弃的法定或强制许可机制下，许可人在最大可能范围内放弃对您因行使本协议所授予的权利而产生的使用费的权利，不论是直接收取或通过集体管理组织收取。在其他任何情况下，许可人明确保留收取使用费的任何权利。

第三条 授权条件

您行使被许可的权利明确受以下条件限制：

a. **署名**

1. 若您分享本授权作品（包含其修改格式），您必须：

   A. 保留如下标识（如果许可人提供授权作品的同时提供如下标识）：

      i. 以许可人要求的任何合理方式，标识本授权作品的创作者和其他被指定署名的人的身份（包括指定的笔名）；

      ii. 著作权声明；

      iii. 有关本公共许可协议的声明；

      iv. 有关免责的声明；

      v. 在合理可行情况下，本授权作品的网址（URI）或超链接；

   B. 表明您是否修改了本授权作品及保留任何先前修改的标记；及

   C. 表明授权作品依据本公共许可协议授权，并提供本公共许可协议全文，或者本公共许可协议的网址（URI）或超链接。

2. 依据您分享本授权作品的媒介、方法及情况，您可以采用任何合理方式满足第三条 a 款第（1）项的条件。例如，提供包含所要求信息来源的网址（URI）或超链接可算是合理地满足此处的条件。

3. 如果许可人要求，您必须在合理可行的范围内移除第三条 a 款第（1）项（A）目所要求的任何信息。

b. *相同方式共享*

除 第三条 a 款 的条件外，如果您分享您创作的演绎作品，则下列条件也适用：

1. *您适用的"演绎作者的许可"协议必须是与本许可协议具有相同授权要素的知识共享许可协议（可以是本版本或后续版本），或者其他与"署名-非商业性使用-相同方式共享"【译者注：英文原文为"署名-相同方式共享"，此处为译者根据本书第四章表 3 而修正】协议兼容的许可协议。*

2. *您必须提供您适用的"演绎作者的许可"协议全文或者该许可*

89

> 协议的网址（URI）或超链接。依据您分享您的演绎作品所使用的媒介、方法及情况，您可以采用任何合理方式满足此条件。
>
> 3. 您不得提出或施加任何附加或不同的条款或条件、或在演绎作品上应用任何有效的技术措施，以限制使用者行使依您所适用的"演绎作者的许可"协议所授予的权利。

第四条　数据库特别权利

当协议所授予的权利包含数据库特别权利，而该数据库特别权利适用于您对授权作品的使用时：

a. 为避免疑义，第二条 a 款第（1）项授权您，仅限于以非产业性目的摘录、再利用、复制和分享全部或绝大部分数据库资料；

b. 如果您将数据库资料的全部或绝大部分纳入您享有数据库特别权利的另一数据库，则您享有数据库特别权利的该数据库（而非其中的单个内容）视为演绎作品，*适用第三条 b 款的要求*；

c. 如果您分享全部或大部分该数据库的资料，您必须遵守第三条 a 款规定的条件。

为避免疑义，当协议所授予的权利包含其他著作权与邻接权时，第四条补充且不取代本公共许可协议所规定的您的义务。

第五条　免责声明及责任限制条款

a. 除非许可人另有保证，否则在最大可能范围内，许可人按其现状和现有之基础提供授权作品，且没有就授权作品做出任何形式的陈述或保证：无论明示、默示、法定或其他形式，包括但不限于任何有关本授权作品的权属保证、可交易性、适于特定目的、未侵害他人权利、没有潜在或其他瑕疵、精确性或是否有错误，不管是否已知或可发现。当免责声明全部或部分不被允许时，该免责声明可能不适用于您<u>（的情况）</u>。

b. 在最大可能范围内，对于任何因本公共许可协议或使用授权作品引起的直接的、特殊的、间接的、附随的、连带的、惩罚性的、警告性的，或其他的损失、成本、费用或损害，许可人不对您负任何法律上或其他的责任（包括但不限于过失责任）。当责任限制条款部分或全部不被允许时，该限制可能不适用于您<u>（的情况）</u>。

c. 前述免责及责任限制声明，应尽可能以最接近于完全排除全部责任的方式解释。

第六条　期限与终止

a. 本公共许可协议在著作权与<u>邻接权的</u>存续期间内有效。然而，如果您没有遵守此公共许可协议，则您依据此公共许可协议享有的权利自动终止。

b. 当您使用本授权作品的权利根据第六条 a 款终止时，您的权利在下述情况下恢复：

1. 自违反协议的行为纠正之日起自动恢复，但须在您发现违反情形后 30 日内纠正；或

2. 根据许可人明示恢复权利的<u>意思表示</u>。

为避免疑义，本公共许可协议第六条 b 款不影响许可人就您违反本公共许可协议的行为寻求法律救济。

c. 为避免疑义，许可人也可以在任何时间，以另外的条款或条件提供本授权作品，或者停止传播本授权作品；然而，许可人此种行为不会终止本公共许可协议。

d. 本协议第一、五、六、七及第八条，不因本公共许可协议终止而失效。

第七条　其他条款和条件

a. 除非明示同意，否则许可人不受您表达的任何附加或不同条款或条件约束。

b. 本公共许可协议未提及的关于授权作品之任何安排、共识或协议，不属于且独立于本公共许可协议的条款及条件。

第八条　解释

a. 为避免疑义，本许可协议不会也不应被解释为减少、限制、约束或施加条件于无需本公共许可协议授权即可依法行使的对授权作品的任何使用。

b. 在最大可能范围内，如果本公共许可协议的任何条款被视为无法执行，该条款在必要的最小限度内，自动调整至可以执行。如果该条款不能被调整，其应自本公共许可协议中排除适用，不影响其余条款的效力。

c. 除非许可人明示同意，本公共许可协议的任何条款或条件均不得放弃。

d. 本公共许可协议条款不构成、也不得被解释为限制或者放弃适用于许可人或您的特权或豁免，包括豁免于任何司法管辖区或行政机构的法律程序。

CC 协议署名–禁止演绎 4.0（CC BY–ND 4.0）国际版❶

通过行使本协议所授予的许可权利（详见后文定义），您接受并同意受到知识共享（Creative Commons，简写"CC"）*署名–禁止演绎* 4.0 国际公共许可协议（以下简称"本公共许可协议"）的约束。从合同解释的角度来看，您获得授权的对价是接受本协议的条款，许可人授予您这些权利的对价是可以通过采用本协议条款发布授权作品（Licensed Material）而获得利益。

第一条　定义

a. 演绎作品：指受到著作权与"与著作权有关的权利"（以下简称"邻接权"）保护的，基于授权作品而创作的作品，例如对授权作品的翻译、改编、编排、改写或其他依据著作权与邻接权需要获得权利人许可的修改。为本公共许可协议之目的，当授权作品为音乐作品、表演或录音时，将其依时间序列关系与动态影像配合一致而形成的作品，视为演绎作品。

b. 著作权与邻接权：指著作权和/或与著作权紧密相关的邻接权。邻接权包括但不限于：表演者权、广播组织者权、录音录像制作者权，以及数据库特别权利，而不论上述权利的定义和归类如何。为本公共许可协议之目的，第二条 b 款第（1）项【人身权利】与第（2）项所列权利【专利权、商标权】不属于著作权与邻接权。

c. 有效的技术措施：指根据各司法管辖区遵循《世界知识产权组织版权条约》（1996 年 12 月 20 日通过）第十一条或类似国际协定项下的义务所制定的法律，在没有适当的授权的情况下，禁止使用者规避的技术措施。

d. 例外与限制：指合理使用和/或其他适用于您对授权作品的使用的著作权与邻接权的例外或限制。

e. 授权作品：指许可人通过本公共许可协议授权的文学、艺术作品，数据库或其他作品。

f. 协议所授予的权利：指依据本公共许可协议的条款和条件所授予您的各项权利，限于适用于您对授权作品的使用且许可人有权许可的所有著作

---

❶　该协议译文转载自知识共享组织官方网站（https://creativecommons.org/licenses/by-nd/4.0/legalcode.zh-hans），原文适用《CC BY-4.0 协议》（https://creativecommons.org/licenses/by/4.0/），本书结合我国《著作权法》的相关术语进行了校对，修改部分使用双下划线标示，与前文《CC 协议署名 4.0（CC BY 4.0）国际版》不同之处以斜体字体现。

权与邻接权。

g. 许可人：指通过本公共许可协议进行授权的个人或组织。

h. 分享：指以需要"协议所授予的权利"许可的任何方法或途径向公众提供作品，包括复制、展览、公开表演、发行、散布、传播或进口，以及向公众传播以便其能在个人选定的时间和地点接收作品。

i. 数据库特别权利：指除了著作权之外，衍生于 1996 年 3 月 11 日通过的《欧洲议会与欧盟理事会关于数据库法律保护的指令》（Directive 96/9/EC）及其修改或后续版本的权利，或其他国家或地区本质上与之等同的权利。

j. 您：指依据本公共许可协议行使其所获得授予之权利的个人或机构。**"您的"** 有相应的含义。

第二条　授权范围

a. **授权**

1. 根据本公共许可协议的条款，许可人授予您在全球范围内，免费的、不可再许可、非独占、不可撤销的许可，以对授权作品行使以下"协议所授予的权利"：

   A. 复制和分享授权作品的全部或部分；以及

   B. *创作或复制演绎作品，但不得分享该演绎作品。*

2. **例外和限制**：为避免疑义，若著作权的例外和限制适用于您对授权作品的使用，本公共许可协议将不适用，您也无须遵守本公共许可协议之条款。

3. **期限**：本公共许可协议的期限规定于第六条 a 款。

4. **媒介和形式；允许的技术修改**：许可人授权您在任何媒介以任何形式（不论目前已知的或未来出现的）行使本协议授予的权利，并为之进行必要的技术修改。许可人放弃和/或同意不主张任何权利以阻止您为了行使协议项下权利进行必要的技术修改，包括为规避有效技术措施所必需的技术修改。为了本公共许可协议之目的，基于第二条 a 款第（4）项进行的技术修改不构成演绎作品。

5. **后续接受者**

   A. 来自许可人的要约（offer）——授权作品：本授权作品的每一个后续接受者都自动取得许可人的要约，以按照本公共许可协议的条款行使协议授予的权利。

   B. 禁止下游限制：您不得对授权作品提出或增加任何额外

93

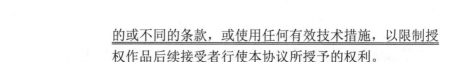
的或不同的条款，或使用任何有效技术措施，以限制授权作品后续接受者行使本协议所授予的权利。

6. 并非背书：本公共许可协议中的任何内容均不构成或不得被解释为允许您声明或主张以下内容：您或您对授权作品的使用与许可人或第三条 a 款第（1）项（A）目（i）所规定要求提供署名的权利人存在关联，或得到其赞助、同意或被授予官方地位。

b. 其他权利

1. 依据本公共许可协议，著作人身权（例如保护作品完整权）、形象权、隐私权或其他类似的人格权利，不在许可范围内。但是在条件允许的情况下，许可人可以在必要范围内放弃和/或同意不主张其权利，以便您行使本协议所授予的权利。

2. 本公共许可协议不适用于任何专利权或商标权的许可。

3. 在自愿的或可放弃的法定或强制许可机制下，许可人在最大可能范围内放弃对您因行使本协议所授予的权利而产生的使用费的权利，不论是直接收取或通过集体管理组织收取。在其他任何情况下，许可人明确保留收取使用费的任何权利。

第三条　授权条件

您行使被许可的权利明确受以下条件限制：

a. 署名

1. 若您分享本授权作品（包含其修改格式），您必须：

　　A. 保留如下标识（如果许可人提供授权作品的同时提供如下标识）：

　　　　i. 以许可人要求的任何合理方式，标识本授权作品的创作者和其他被指定署名的人的身份（包括指定的笔名）；

　　　　ii. 著作权声明；

　　　　iii. 有关本公共许可协议的声明；

　　　　iv. 有关免责的声明；

　　　　v. 在合理可行情况下，本授权作品的网址（URI）或超链接；

　　B. 表明您是否修改了本授权作品及保留任何先前修改的标记；及

　　C. 表明授权作品依据本公共许可协议授权，并提供本公共

许可协议全文，或者本公共许可协议的网址（URI）或
超链接。

为避免疑义，依据本公共许可协议，您没有被授予分享演绎作
品的许可。

2. 依据您分享本授权作品的媒介、方法及情况，您可以采用任何
   合理方式满足第三条 a 款第（1）项的条件。例如，提供包含所
   要求信息来源的网址（URI）或超链接可算是合理地满足此处的
   条件。

3. 如果许可人要求，您必须在合理可行的范围内移除第三条 a 款
   第（1）项（A）目所要求的任何信息。

第四条　数据库特别权利

当协议所授予的权利包含数据库特别权利，而该数据库特别权利适用于您对授
权作品的使用时：

a. 为避免疑义，第二条 a 款第（1）项授权您，摘录、再利用、复制和分
   享全部或绝大部分数据库资料，*但不得分享演绎作品*；

b. 如果您将数据库资料的全部或绝大部分纳入您享有数据库特别权利的
   另一数据库，则您享有数据库特别权利的该数据库（而非其中的单个内
   容）视为演绎作品；

c. 如果您分享全部或大部分该数据库的资料，您必须遵守第三条 a 款规定
   的条件。

为避免疑义，当协议所授予的权利包含其他著作权与邻接权时，第四条补充且
不取代本公共许可协议所规定的您的义务。

第五条　免责声明及责任限制条款

a. 除非许可人另有保证，否则在最大可能范围内，许可人按其现状和现有
   之基础提供授权作品，且没有就授权作品做出任何形式的陈述或保证：
   无论明示、默示、法定或其他形式，包括但不限于任何有关本授权作品
   的权属保证、可交易性、适于特定目的、未侵害他人权利、没有潜在或
   其他瑕疵、精确性或是否有错误，不管是否已知或可发现。当免责声明
   全部或部分不被允许时，该免责声明可能不适用于您（的情况）。

b. 在最大可能范围内，对于任何因本公共许可协议或使用授权作品引起的
   直接的、特殊的、间接的、附随的、连带的、惩罚性的、警告性的，或
   其他的损失、成本、费用或损害，许可人不对您负任何法律上或其他的
   责任（包括但不限于过失责任）。当责任限制条款部分或全部不被允许
   时，该限制可能不适用于您（的情况）。

95

c. 前述免责及责任限制声明，应尽可能以最接近于完全排除全部责任的方式解释。

第六条　期限与终止

a. 本公共许可协议在著作权与<u>邻接权</u>的存续期间内有效。然而，如果您没有遵守此公共许可协议，则您依据此公共许可协议享有的权利自动终止。

b. 当您使用本授权作品的权利根据第六条 a 款终止时，您的权利在下述情况下恢复：

  1. 自违反协议的行为纠正之日起自动恢复，但须在您发现违反情形后 30 日内纠正；或

  2. 根据许可人明示恢复权利的<u>意思表示</u>。

  为避免疑义，本公共许可协议第六条 b 款不影响许可人就您违反本公共许可协议的行为寻求法律救济。

c. 为避免疑义，许可人也可以在任何时间，以另外的条款或条件提供本授权作品，或者停止传播本授权作品；然而，许可人此种行为不会终止本公共许可协议。

d. 本协议第一、五、六、七及第八条，不因本公共许可协议终止而失效。

第七条　其他条款和条件

a. 除非明示同意，否则许可人不受您表达的任何附加或不同条款或条件约束。

b. 本公共许可协议未提及的关于授权作品之任何安排、共识或协议，不属于且独立于本公共许可协议的条款及条件。

第八条　解释

a. 为避免疑义，本许可协议不会也不应被解释为减少、限制、约束或施加条件于无需本公共许可协议授权即可依法行使的对授权作品的任何使用。

b. 在最大可能范围内，如果本公共许可协议的任何条款被视为无法执行，该条款在必要的最小限度内，自动调整至可以执行。如果该条款不能被调整，其应自本公共许可协议中排除适用，不影响其余条款的效力。

c. 除非许可人明示同意，本公共许可协议的任何条款或条件均不得放弃。

d. 本公共许可协议条款不构成、也不得被解释为限制或者放弃适用于许可人或您的特权或豁免，包括豁免于任何司法管辖区或行政机构的法律程序。

CC 协议署名-非商业性使用-禁止演绎 4.0
（CC BY–NC–ND 4.0）国际版❶

通过行使本协议所授予的许可权利（详见后文定义），您接受并同意受到知识共享（Creative Commons，简写"CC"）*署名- 非商业性使用- 禁止演绎* 4.0 国际公共许可协议（以下简称"**本公共许可协议**"）的约束。从合同解释的角度来看，您获得授权的对价是接受本协议的条款，许可人授予您这些权利的对价是可以通过采用本协议条款发布授权作品（Licensed Material）而获得利益。

第一条 定义

a. 演绎作品：指受到著作权与"与著作权有关的权利"（以下简称"**邻接权**"）保护的，基于授权作品而创作的作品，例如对授权作品的翻译、改编、编排、改写或其他依据著作权与邻接权需要获得权利人许可的修改。为本公共许可协议之目的，当授权作品为音乐作品、表演或录音时，将其依时间序列关系与动态影像配合一致而形成的作品，视为演绎作品。

b. 著作权与邻接权：指著作权和/或与著作权紧密相关的邻接权。邻接权包括但不限于：表演者权、广播组织者权、录音录像制作者权，以及数据库的特别权利，而不论上述权利的定义和归类如何。为本公共许可协议之目的，第二条 b 款第（1）项【人身权利】与第（2）项所列权利【专利权、商标权】不属于著作权与邻接权。

c. 有效的技术措施：指根据各司法管辖区遵循《世界知识产权组织版权条约》（1996 年 12 月 20 日通过）第十一条或类似国际协定项下的义务所制定的法律，在没有适当的授权的情况下，禁止使用者规避的技术措施。

d. 例外与限制：指合理使用和/或其他适用于您对授权作品的使用的著作权与邻接权的例外或限制。

e. 授权作品：指许可人通过本公共许可协议授权的文学、艺术作品，数据库或其他作品。

f. 协议所授予的权利：指依据本公共许可协议的条款和条件所授予您的各

---

❶ 该协议译文转载自知识共享组织官方网站（https://creativecommons.org/licenses/by-nc-nd/4.0/legalcode.zh-hans），原文适用《CC BY-4.0 协议》（https://creativecommons.org/licenses/by/4.0/），本书结合我国《著作权法》的相关术语进行了校对，修改部分使用双下划线标示，与前文《CC 协议署名 4.0（CC BY 4.0）国际版》不同之处以斜体字体现。

97

项权利，限于适用于您对授权作品的使用且许可人有权许可的所有著作权与<u>邻接权</u>。

g. <u>许可人</u>：指通过本公共许可协议进行授权的个人或组织。

h. <u>非商业性使用</u>：指该使用的主要意图或者指向并非获取商业优势或金钱报酬。为本公共许可协议之目的，以数字文件共享或类似方式，用授权作品交换其他受到著作权与类似权利保护的作品是非商业性使用，只要该交换不涉及金钱报酬的支付。

i. <u>分享</u>：指以需要"协议所授予的权利"许可的任何方法或途径向公众提供作品，包括复制、<u>展览</u>、公开表演、发行、散布、传播或进口，<u>以及向公众传播以便</u>其能在个人选定的时间和地点接收作品。

j. <u>数据库特别权利</u>：指除了著作权之外，衍生于 1996 年 3 月 11 日通过的《欧洲议会与欧盟理事会关于数据库法律保护的指令》（Directive 96/9/EC）及其修改或后续版本的权利，或其他国家或地区本质上与之等同的权利。

k. <u>您</u>：指依据本公共许可协议行使其所获得授予之权利的个人或机构。**"您的"** 有相应的含义。

第二条　授权范围

a. **授权**

1. 根据本公共许可协议的条款，许可人授予您在全球范围内，免费的、不可再许可、非独占、不可撤销的许可，以对授权作品行使以下"协议所授予的权利"：

    A. 复制和分享授权作品的全部或部分，*仅限于非商业性使用*；以及

    B. *为非商业目的创作、复制演绎作品，但不得分享该演绎作品。*

2. **例外和限制**：为避免疑义，若著作权的例外和限制适用于您对授权作品的使用，本公共许可协议将不适用，您也无须遵守本公共许可协议之条款。

3. **期限**：本公共许可协议的期限规定于第六条 a 款。

4. **媒介和形式；允许的技术修改**：许可人授权您在任何媒介以任何形式（不论目前已知的或未来出现的）行使本协议授予的权利，并为之进行必要的技术修改。许可人放弃和/或同意不主张任何权利以阻止您为了行使协议项下权利进行必要的技术修改，包括为规避有效技术措施所必须的技术修改。为了本公共许可协议之目的，基于第二条 a 款第（4）项进行的技术修改不

构成演绎作品。

5. 后续接受者

    A. 来自许可人的要约（offer）——授权作品：本授权作品的每一个后续接受者都自动取得许可人的要约，以按照本公共许可协议的条款行使协议授予的权利。

    B. 禁止下游限制：您不得对授权作品提出或增加任何额外的或不同的条款，或使用任何有效技术措施，以限制授权作品后续接受者行使本协议所授予的权利。

6. 并非背书：本公共许可协议中的任何内容均不构成或不得被解释为允许您声明或主张以下内容：您或您对授权作品的使用与许可人或第三条 a 款第（1）项（A）目（i）所规定要求提供署名的权利人存在关联，或得到其赞助、同意或被授予官方地位。

b. 其他权利

1. 依据本公共许可协议，著作人身权（例如保护作品完整权）、形象权、隐私权或其他类似的人格权利，不在许可范围内。但是，在条件允许的情况下，许可人可以在必要范围内放弃和/或同意不主张其权利，以便您行使本协议所授予的权利。

2. 本公共许可协议不适用于任何专利权或商标权的许可。

3. 在自愿的或可放弃的法定或强制许可机制下，许可人在最大可能范围内放弃对您因行使本协议所授予的权利而产生的使用费的权利，不论是直接收取或通过集体管理组织收取。在其他任何情况下，许可人明确保留收取使用费的任何权利。

第三条 授权条件

您行使被许可的权利明确受以下条件限制：

a. **署名**

1. 若您分享本授权作品（包含其修改格式），您必须：

    A. 保留如下标识（如果许可人提供授权作品的同时提供如下标识）：

        i. 以许可人要求的任何合理方式,标识本授权作品的创作者和其他被指定署名的人的身份(包括指定的笔名)；

        ii. 著作权声明；

        iii. 有关本公共许可协议的声明；

        iv. 有关免责的声明；

v. 在合理可行情况下，本授权作品的网址（URI）或超链接；

B. 表明您是否修改了本授权作品及保留任何先前修改的标记；及

C. 表明授权作品依据本公共许可协议授权，并提供本公共许可协议全文，或者本公共许可协议的网址（URI）或超链接。

为避免疑义，依据本公共许可协议，您没有被授予分享演绎作品的许可。

2. 依据您分享本授权作品的媒介、方法及情况，您可以采用任何合理方式满足第三条 a 款第（1）项的条件。例如，提供包含所要求信息来源的网址（URI）或超链接可算是合理地满足此处的条件。

3. 如果许可人要求，您必须在合理可行的范围内移除第三条 a 款第（1）项（A）目所要求的任何信息。

第四条　数据库特别权利

当协议所授予的权利包含数据库特别权利，而该数据库特别权利适用于您对授权作品的使用时：

a. 为避免疑义，第二条 a 款第（1）项授权您，摘录、再利用、复制和分享全部或绝大部分数据库资料，*但仅限于非商业性目的且不得分享演绎作品；*

b. 如果您将数据库资料的全部或绝大部分纳入您享有数据库特别权利的另一数据库，则您享有数据库特别权利的该数据库（而非其中的单个内容）视为演绎作品；

c. 如果您分享全部或大部分该数据库的资料，您必须遵守第三条 a 款规定的条件。

为避免疑义，当协议所授予的权利包含其他著作权与邻接权时，第四条补充且不取代本公共许可协议所规定的您的义务。

第五条　免责声明及责任限制条款

a. 除非许可人另有保证，否则在最大可能范围内，许可人按其现状和现有之基础提供授权作品，且没有就授权作品做出任何形式的陈述或保证：无论明示、默示、法定或其他形式，包括但不限于任何有关本授权作品的权属保证、可交易性、适于特定目的、未侵害他人权利、没有潜在或其他瑕疵、精确性或是否有错误，不管是否已知或可发现。当免责声明全部或部分不被允许时，该免责声明可能不适用于您 <u>（的情况）</u>。

b. 在最大可能范围内，对于任何因本公共许可协议或使用授权作品引起的直接的、特殊的、间接的、附随的、连带的、惩罚性的、警告性的，或其他的损失、成本、费用或损害，许可人不对您负任何法律上或其他的责任（包括但不限于过失责任）。当责任限制条款部分或全部不被允许时，该限制可能不适用于您<u>（的情况）</u>。

c. 前述免责及责任限制声明，应尽可能以最接近于完全排除全部责任的方式解释。

第六条　期限与终止

a. 本公共许可协议在著作权与<u>邻接权</u>的存续期间内有效。然而，如果您没有遵守此公共许可协议，则您依据此公共许可协议享有的权利自动终止。

b. 当您使用本授权作品的权利根据第六条 a 款终止时，您的权利在下述情况下恢复：

　　1. 自违反协议的行为纠正之日起自动恢复，但须在您发现违反情形后 30 日内纠正；或

　　2. 根据许可人明示恢复权利的<u>意思表示</u>。

为避免疑义，本公共许可协议第六条 b 款不影响许可人就您违反本公共许可协议的行为寻求法律救济。

c. 为避免疑义，许可人也可以在任何时间，以另外的条款或条件提供本授权作品，或者停止传播本授权作品；然而，许可人此种行为不会终止本公共许可协议。

d. 本协议第一、五、六、七及第八条，不因本公共许可协议终止而失效。

第七条　其他条款和条件

a. 除非明示同意，否则许可人不受您表达的任何附加或不同条款或条件约束。

b. 本公共许可协议未提及的关于授权作品之任何安排、共识或协议，不属于且独立于本公共许可协议的条款及条件。

第八条　解释

a. 为避免疑义，本许可协议不会也不应被解释为减少、限制、约束或施加条件于无需本公共许可协议授权即可依法行使的对授权作品的任何使用。

b. 在最大可能范围内，如果本公共许可协议的任何条款被视为无法执行，该条款在必要的最小限度内，自动调整至可以执行。如果该条款不能被调整，其应自本公共许可协议中排除适用，不影响其余条款的效力。

c. 除非许可人明示同意，本公共许可协议的任何条款或条件均不得放弃。

d. 本公共许可协议条款不构成、也不得被解释为限制或者放弃适用于许可人或您的特权或豁免，包括豁免于任何司法管辖区或行政机构的法律程序。

CC 0 1.0 通用协议●

　　知识产权共享组织不是一家律师事务所，也不对外提供法律服务。提供本文件并不会建立"律师－当事人"关系。知识产权共享组织根据现状提供这些信息。知识产权共享组织对于使用本文件，或者使用依本文件而提供的信息或作品，不提供任何担保，也不对因使用本文件，或者使用依本文件而提供的信息或作品而造成的损失承担损害赔偿责任。

目的声明

　　全球大多数司法管辖区的法律，都自动将专有的著作权及邻接权（详见后文定义）授予原始作品和/或数据库（本文件中都称为"作品"）的原始创作者及后续权利人（统称为"权利人"）。

　　某些权利人愿意永久地放弃其著作权，以便将其贡献到创意、文化及科学作品的公有领域。在此公有领域中，公众能够安心地、无惧未来侵权主张地、并以最大可能的自由形式或为任何目的（包括但不限于商业目的）地以该作品为基础进行创作、修改、改编、再利用或者再传播该作品。这些权利人之所以放弃著作权并将作品贡献于公有领域，可能是为了推动自由文化的理念或者未来的创意、文化及科学作品的创作，也可能是为了通过他人的使用和投入以赢得声誉和作品更广泛地传播。

　　声明将 CC0 适用于某一特定作品的人（"声明人"），为了上述或者其他目的和动机，并未预期任何进一步的对价或补偿，在其作为本作品著作权人或邻接权人的权利范围内，自愿选择将 CC0 适用于该作品上并依据 CC0 的条款来公开传播该作品。声明人理解其对本作品的著作权和邻接权，以及 CC0 对该权利将产生的意义和法律影响。

1. 著作权及相关权利。

　　CC0 项下的作品可能受到著作权或者相关权利的保护。著作权和邻接权包括但不限于下列权利：

　　i.　复制、演绎、发行、表演、展览、传播和翻译该作品的权利；

　　ii.　原始作者或者表演者所保留的著作人身权；

　　● 该协议译文转载自知识共享组织官方网站（https://creativecommons.org/publicdomain/zero/1.0/legalcode.zh-hans），原文适用《CC BY-4.0 协议》（https://creativecommons.org/licenses/by/4.0/），本书结合我国《著作权法》的相关术语进行了校对，修改部分使用双下划线标示。

iii. 与该作品所描绘的<u>个人</u>形象有关的形象权或隐私权；

iv. 在以下第 4 条(a)款限制下，保护本作品免受不正当竞争的权利；

v. 保护该作品中数据的摘录、传播、使用和再使用的权利；

vi. 数据库权利【例如欧洲议会及理事会在 1996 年 3 月 11 日通过的《欧共体数据库法律保护指令》(96/9/EC)（包括对该指令的任何修改或后续版本）所规定的权利，及任何国家在实施该指令过程中产生的权利】；以及

vii. 全球范围内基于相关法律或条约及任何国家对该法律或条约的实施所产生的相似的、相等同的或一致的权利。

2. 权利放弃。

在法律允许的最大范围内，并且在不违反任何相关法律的情况下，声明人在此公开地、完全地、永久地、不可撤销地并且无条件地放弃和让渡其对本作品的所有著作权、<u>邻接权</u>及任何相关的已知或未知的（包括现存的和未来的）权利主张或诉讼请求（"**权利放弃**"）。该权利放弃：

(i) 适用于全球范围；

(ii) 适用于相关法律及条约规定的最长权利存续期间（包括未来的延长期间）；

(iii) 适用于任何现存的或未来的媒介，及任意数量的复制件；并且

(iv) 使用者对该作品的使用可以是为任何目的，包括但不限于商业、广告和促销的目的。

声明人放弃权利，是为了社会公众每一个成员的利益，且知晓会损害其继承人的利益，声明人完全了解并希望该权利放弃不会被撤回、撤销、取消、终止，或者成为其他任何影响公众按照上述目的声明使用该作品的法律措施或适当措施适用的对象。

3. 转变为公众许可。

若因为任何原因，上述权利放弃的任何部分依据可适用法律被认定为无效或未生效，该权利放弃应当在考虑声明人上述目的声明的情况下在法律允许的范围内最大程度得以保留。此外，在这种情况下，声明人在此授予每一位受影响的使用者免费的、不可转让的、不可再许可的、非独占性的、不可撤销的及无条件的许可以行使声明人对该作品的著作权和<u>邻接权</u>（"**许可**"）。该许可：

(i) 适用于全球范围；

(ii) 适用于相关法律及条约规定的权利最长存续期间（包括未来的延长期间）；

(iii) 适用于任何现存的或未来的媒介，及任意数量的复制件；并且

103

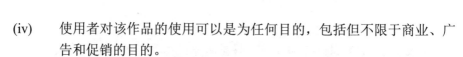

(iv)　使用者对该作品的使用可以是为任何目的，包括但不限于商业、广告和促销的目的。

该许可应被视为自声明人将 CC0 适用于本作品之日起生效。若因为任何原因使该许可的任一部分在相关法律下被认定为无效或者未生效，该部分不会使许可的其他部分无效。且在这种情况下，声明人声明他将不会与目的声明相悖而采取下述行动：

(i)　行使其保留的任何与该作品有关的著作权和邻接权；或

(ii)　提起任何与该作品相关的权利主张或诉讼请求。

4. 限制及免责条款。

a. 本声明不涉及声明人所拥有的商标权或专利权，上述权利不会因本声明而被放弃、让渡、授权或者受到其他影响。

b. 声明人按其现状提供本作品，并且，在可适用法律允许的最大范围内，不提供与本作品相关的任何声明或保证，无论明示、默示或是否为法律所规定，包括但不限于关于本作品权利之担保、可商业性、是否符合某特定目的、未侵害他人权利、不具有潜在或其他缺陷、准确性，或者存在或不存在任何不论能否被发现之错误。

c. 声明人没有责任排除他人可能对本作品或者对本作品的任何使用所主张的权利，包括但不限于任何人对本作品享有的著作权及邻接权。声明人也没有责任为使用本作品获取所需的任何同意、许可或其他权利。

d. 声明人理解并认可知识产权共享组织并非本文件之当事人，对于 CC0 或本作品的使用也没有任何责任或义务。

二、CC 4.0 协议及 CC 0 英文原文

CC 协议署名 4.0（CC BY 4.0）国际版[1]

Attribution 4.0 International

By exercising the Licensed Rights (defined below), You accept and agree to be bound by the terms and conditions of this Creative Commons Attribution 4.0 International Public License ("Public License"). To the extent this Public License may be interpreted as a contract, You are granted the Licensed Rights in consideration of Your acceptance of these terms and conditions, and the Licensor grants You such rights in consideration of benefits the Licensor receives from making the Licensed Material available under these terms and conditions.

Section 1 – Definitions.

a. Adapted Material means material subject to Copyright and Similar Rights that is derived from or based upon the Licensed Material and in which the Licensed Material is translated, altered, arranged, transformed, or otherwise modified in a manner requiring permission under the Copyright and Similar Rights held by the Licensor. For purposes of this Public License, where the Licensed Material is a musical work, performance, or sound recording, Adapted Material is always produced where the Licensed Material is synched in timed relation with a moving image.

b. Adapter's License means the license You apply to Your Copyright and Similar Rights in Your contributions to Adapted Material in accordance with the terms and conditions of this Public License.

c. Copyright and Similar Rights means copyright and/or similar rights closely related to copyright including, without limitation, performance, broadcast, sound recording, and Sui Generis Database Rights, without regard to how the rights are labeled or categorized. For purposes of this Public License, the rights specified in Section 2(b)(1)-(2) are not Copyright and Similar Rights.

d. Effective Technological Measures means those measures that, in the absence of

---

[1] 转载自知识共享组织官方网站（https://creativecommons.org/licenses/by/4.0/legalcode.en），原文适用《CC BY-4.0 协议》（https://creativecommons.org/licenses/by/4.0/）。

proper authority, may not be circumvented under laws fulfilling obligations under Article 11 of the WIPO Copyright Treaty adopted on December 20, 1996, and/or similar international agreements.

e. Exceptions and Limitations means fair use, fair dealing, and/or any other exception or limitation to Copyright and Similar Rights that applies to Your use of the Licensed Material.

f. Licensed Material means the artistic or literary work, database, or other material to which the Licensor applied this Public License.

g. Licensed Rights means the rights granted to You subject to the terms and conditions of this Public License, which are limited to all Copyright and Similar Rights that apply to Your use of the Licensed Material and that the Licensor has authority to license.

h. Licensor means the individual(s) or entity(ies) granting rights under this Public License.

i. Share means to provide material to the public by any means or process that requires permission under the Licensed Rights, such as reproduction, public display, public performance, distribution, dissemination, communication, or importation, and to make material available to the public including in ways that members of the public may access the material from a place and at a time individually chosen by them.

j. Sui Generis Database Rights means rights other than copyright resulting from Directive 96/9/EC of the European Parliament and of the Council of 11 March 1996 on the legal protection of databases, as amended and/or succeeded, as well as other essentially equivalent rights anywhere in the world.

k. You means the individual or entity exercising the Licensed Rights under this Public License. Your has a corresponding meaning.

Section 2 – Scope.

a. License grant.

1. Subject to the terms and conditions of this Public License, the Licensor hereby grants You a worldwide, royalty-free, non-sublicensable, non-exclusive, irrevocable license to exercise the Licensed Rights in the Licensed Material to:

   A. reproduce and Share the Licensed Material, in whole or in part; and

   B. produce, reproduce, and Share Adapted Material.

2. **Exceptions and Limitations.** For the avoidance of doubt, where Exceptions and Limitations apply to Your use, this Public License does not apply, and You do not need to comply with its terms and conditions.

3. **Term.** The term of this Public License is specified in Section 6(a).

4. **Media and formats; technical modifications allowed.** The Licensor authorizes You to exercise the Licensed Rights in all media and formats whether now known or hereafter created, and to make technical modifications necessary to do so. The Licensor waives and/or agrees not to assert any right or authority to forbid You from making technical modifications necessary to exercise the Licensed Rights, including technical modifications necessary to circumvent Effective Technological Measures. For purposes of this Public License, simply making modifications authorized by this Section 2(a)(4) never produces Adapted Material.

5. Downstream recipients.

    A. Offer from the Licensor – Licensed Material. Every recipient of the Licensed Material automatically receives an offer from the Licensor to exercise the Licensed Rights under the terms and conditions of this Public License.

    B. No downstream restrictions. You may not offer or impose any additional or different terms or conditions on, or apply any Effective Technological Measures to, the Licensed Material if doing so restricts exercise of the Licensed Rights by any recipient of the Licensed Material.

6. No endorsement. Nothing in this Public License constitutes or may be construed as permission to assert or imply that You are, or that Your use of the Licensed Material is, connected with, or sponsored, endorsed, or granted official status by, the Licensor or others designated to receive attribution as provided in Section 3(a)(1)(A)(i).

b. **Other rights.**

1. Moral rights, such as the right of integrity, are not licensed under this Public License, nor are publicity, privacy, and/or other similar personality rights; however, to the extent possible, the Licensor waives and/or agrees not to assert any such rights held by the Licensor to the limited extent

107

necessary to allow You to exercise the Licensed Rights, but not otherwise.

2. Patent and trademark rights are not licensed under this Public License.

3. To the extent possible, the Licensor waives any right to collect royalties from You for the exercise of the Licensed Rights, whether directly or through a collecting society under any voluntary or waivable statutory or compulsory licensing scheme. In all other cases the Licensor expressly reserves any right to collect such royalties.

Section 3 – License Conditions.

Your exercise of the Licensed Rights is expressly made subject to the following conditions.

a. Attribution.

1. If You Share the Licensed Material (including in modified form), You must:

    A. retain the following if it is supplied by the Licensor with the Licensed Material:

        i. identification of the creator(s) of the Licensed Material and any others designated to receive attribution, in any reasonable manner requested by the Licensor (including by pseudonym if designated);

        ii. a copyright notice;

        iii. a notice that refers to this Public License;

        iv. a notice that refers to the disclaimer of warranties;

        v. a URI or hyperlink to the Licensed Material to the extent reasonably practicable;

    B. indicate if You modified the Licensed Material and retain an indication of any previous modifications; and

    C. indicate the Licensed Material is licensed under this Public License, and include the text of, or the URI or hyperlink to, this Public License.

2. You may satisfy the conditions in Section 3(a)(1) in any reasonable manner based on the medium, means, and context in which You Share the Licensed Material. For example, it may be reasonable to satisfy the conditions by providing a URI or hyperlink to a resource that includes the required information.

3. If requested by the Licensor, you must remove any of the information

required by Section 3(a)(1)(A) to the extent reasonably practicable.

4. If You Share Adapted Material You produce, the Adapter's License You apply must not prevent recipients of the Adapted Material from complying with this Public License.

Section 4 – Sui Generis Database Rights.

Where the Licensed Rights include Sui Generis Database Rights that apply to Your use of the Licensed Material:

a. for the avoidance of doubt, Section 2(a)(1) grants You the right to extract, reuse, reproduce, and share all or a substantial portion of the contents of the database;

b. if You include all or a substantial portion of the database contents in a database in which You have Sui Generis Database Rights, then the database in which You have Sui Generis Database Rights (but not its individual contents) is Adapted Material; and

c. You must comply with the conditions in Section 3(a) if You Share all or a substantial portion of the contents of the database.

For the avoidance of doubt, this Section 4 supplements and does not replace Your obligations under this Public License where the Licensed Rights include other Copyright and Similar Rights.

Section 5 – Disclaimer of Warranties and Limitation of Liability.

a. **Unless otherwise separately undertaken by the Licensor, to the extent possible, the Licensor offers the Licensed Material as-is and as-available, and makes no representations or warranties of any kind concerning the Licensed Material, whether express, implied, statutory, or other. This includes, without limitation, warranties of title, merchantability, fitness for a particular purpose, non-infringement, absence of latent or other defects, accuracy, or the presence or absence of errors, whether or not known or discoverable. Where disclaimers of warranties are not allowed in full or in part, this disclaimer may not apply to You.**

b. **To the extent possible, in no event will the Licensor be liable to You on any legal theory (including, without limitation, negligence) or otherwise for any direct, special, indirect, incidental, consequential, punitive, exemplary, or other losses, costs, expenses, or damages arising out of this Public License or use of the Licensed Material, even if the Licensor has been advised of the possibility of such losses, costs, expenses, or damages. Where a limitation of**

109

liability is not allowed in full or in part, this limitation may not apply to You.

c. The disclaimer of warranties and limitation of liability provided above shall be interpreted in a manner that, to the extent possible, most closely approximates an absolute disclaimer and waiver of all liability.

Section 6 – Term and Termination.

a. This Public License applies for the term of the Copyright and Similar Rights licensed here. However, if You fail to comply with this Public License, then Your rights under this Public License terminate automatically.

b. Where Your right to use the Licensed Material has terminated under Section 6(a), it reinstates:

   1. automatically as of the date the violation is cured, provided it is cured within 30 days of Your discovery of the violation; or

   2. upon express reinstatement by the Licensor.

   For the avoidance of doubt, this Section 6(b) does not affect any right the Licensor may have to seek remedies for Your violations of this Public License.

c. For the avoidance of doubt, the Licensor may also offer the Licensed Material under separate terms or conditions or stop distributing the Licensed Material at any time; however, doing so will not terminate this Public License.

d. Sections 1, 5, 6, 7, and 8 survive termination of this Public License.

Section 7 – Other Terms and Conditions.

a. The Licensor shall not be bound by any additional or different terms or conditions communicated by You unless expressly agreed.

b. Any arrangements, understandings, or agreements regarding the Licensed Material not stated herein are separate from and independent of the terms and conditions of this Public License.

Section 8 – Interpretation.

a. For the avoidance of doubt, this Public License does not, and shall not be interpreted to, reduce, limit, restrict, or impose conditions on any use of the Licensed Material that could lawfully be made without permission under this Public License.

b. To the extent possible, if any provision of this Public License is deemed unenforceable, it shall be automatically reformed to the minimum extent necessary to make it enforceable. If the provision cannot be reformed, it shall be severed from this Public License without affecting the enforceability of the remaining terms and conditions.

c. No term or condition of this Public License will be waived and no failure to comply consented to unless expressly agreed to by the Licensor.

d. Nothing in this Public License constitutes or may be interpreted as a limitation upon, or waiver of, any privileges and immunities that apply to the Licensor or You, including from the legal processes of any jurisdiction or authority.

CC 协议署名–相同方式共享 4.0（CC BY–SA 4.0）国际版[1]

Attribution-ShareAlike 4.0 International

By exercising the Licensed Rights (defined below), You accept and agree to be bound by the terms and conditions of this Creative Commons Attribution-ShareAlike 4.0 International Public License ("Public License"). To the extent this Public License may be interpreted as a contract, You are granted the Licensed Rights in consideration of Your acceptance of these terms and conditions, and the Licensor grants You such rights in consideration of benefits the Licensor receives from making the Licensed Material available under these terms and conditions.

Section 1 – Definitions.

a. <u>Adapted Material</u> means material subject to Copyright and Similar Rights that is derived from or based upon the Licensed Material and in which the Licensed Material is translated, altered, arranged, transformed, or otherwise modified in a manner requiring permission under the Copyright and Similar Rights held by the Licensor. For purposes of this Public License, where the Licensed Material is a musical work, performance, or sound recording, Adapted Material is always produced where the Licensed Material is synched in timed relation with a moving image.

b. <u>Adapter's License</u> means the license You apply to Your Copyright and Similar Rights in Your contributions to Adapted Material in accordance with the terms and conditions of this Public License.

c. <u>BY-SA Compatible License</u> means a license listed at <u>creativecommons.org/compatiblelicenses</u>, approved by Creative Commons as essentially the equivalent of this Public License.

d. <u>Copyright and Similar Rights</u> means copyright and/or similar rights closely related to copyright including, without limitation, performance, broadcast, sound recording, and Sui Generis Database Rights, without regard to how the rights are labeled or categorized. For purposes of this Public License, the rights specified in Section 2(b)(1)-(2) are not Copyright and Similar Rights.

e. <u>Effective Technological Measures</u> means those measures that, in the absence of

---

[1] 转载自知识共享组织官方网站（https://creativecommons.org/licenses/by-sa/4.0/legalcode.en），原文适用《CC BY-4.0 协议》（https://creativecommons.org/licenses/by/4.0/）。

proper authority, may not be circumvented under laws fulfilling obligations under Article 11 of the WIPO Copyright Treaty adopted on December 20, 1996, and/or similar international agreements.

f. Exceptions and Limitations means fair use, fair dealing, and/or any other exception or limitation to Copyright and Similar Rights that applies to Your use of the Licensed Material.

g. License Elements means the license attributes listed in the name of a Creative Commons Public License. The License Elements of this Public License are Attribution and ShareAlike.

h. Licensed Material means the artistic or literary work, database, or other material to which the Licensor applied this Public License.

i. Licensed Rights means the rights granted to You subject to the terms and conditions of this Public License, which are limited to all Copyright and Similar Rights that apply to Your use of the Licensed Material and that the Licensor has authority to license.

j. Licensor means the individual(s) or entity(ies) granting rights under this Public License.

k. Share means to provide material to the public by any means or process that requires permission under the Licensed Rights, such as reproduction, public display, public performance, distribution, dissemination, communication, or importation, and to make material available to the public including in ways that members of the public may access the material from a place and at a time individually chosen by them.

l. Sui Generis Database Rights means rights other than copyright resulting from Directive 96/9/EC of the European Parliament and of the Council of 11 March 1996 on the legal protection of databases, as amended and/or succeeded, as well as other essentially equivalent rights anywhere in the world.

m. You means the individual or entity exercising the Licensed Rights under this Public License. **Your** has a corresponding meaning.

Section 2 – Scope.

a. License grant.

1. Subject to the terms and conditions of this Public License, the Licensor hereby grants You a worldwide, royalty-free, non-sublicensable, non-exclusive, irrevocable license to exercise the Licensed Rights in the Licensed Material

to:

 A. reproduce and Share the Licensed Material, in whole or in part; and

 B. produce, reproduce, and Share Adapted Material.

2. **Exceptions and Limitations.** For the avoidance of doubt, where Exceptions and Limitations apply to Your use, this Public License does not apply, and You do not need to comply with its terms and conditions.

3. **Term.** The term of this Public License is specified in Section 6(a).

4. **Media and formats; technical modifications allowed.** The Licensor authorizes You to exercise the Licensed Rights in all media and formats whether now known or hereafter created, and to make technical modifications necessary to do so. The Licensor waives and/or agrees not to assert any right or authority to forbid You from making technical modifications necessary to exercise the Licensed Rights, including technical modifications necessary to circumvent Effective Technological Measures. For purposes of this Public License, simply making modifications authorized by this Section 2(a)(4) never produces Adapted Material.

5. Downstream recipients.

 A. Offer from the Licensor – Licensed Material. Every recipient of the Licensed Material automatically receives an offer from the Licensor to exercise the Licensed Rights under the terms and conditions of this Public License.

 B. Additional offer from the Licensor – Adapted Material. Every recipient of Adapted Material from You automatically receives an offer from the Licensor to exercise the Licensed Rights in the Adapted Material under the conditions of the Adapter's License You apply.

 C. No downstream restrictions. You may not offer or impose any additional or different terms or conditions on, or apply any Effective Technological Measures to, the Licensed Material if doing so restricts exercise of the Licensed Rights by any recipient of the Licensed Material.

6. No endorsement. Nothing in this Public License constitutes or may be construed as permission to assert or imply that You are, or that Your use of

the Licensed Material is, connected with, or sponsored, endorsed, or granted official status by, the Licensor or others designated to receive attribution as provided in Section 3(a)(1)(A)(i).

b. Other rights.

1. Moral rights, such as the right of integrity, are not licensed under this Public License, nor are publicity, privacy, and/or other similar personality rights; however, to the extent possible, the Licensor waives and/or agrees not to assert any such rights held by the Licensor to the limited extent necessary to allow You to exercise the Licensed Rights, but not otherwise.

2. Patent and trademark rights are not licensed under this Public License.

3. To the extent possible, the Licensor waives any right to collect royalties from You for the exercise of the Licensed Rights, whether directly or through a collecting society under any voluntary or waivable statutory or compulsory licensing scheme. In all other cases the Licensor expressly reserves any right to collect such royalties.

Section 3 – License Conditions.

Your exercise of the Licensed Rights is expressly made subject to the following conditions.

a. Attribution.

1. If You Share the Licensed Material (including in modified form), You must:

    A. retain the following if it is supplied by the Licensor with the Licensed Material:

        i. identification of the creator(s) of the Licensed Material and any others designated to receive attribution, in any reasonable manner requested by the Licensor (including by pseudonym if designated);

        ii. a copyright notice;

        iii. a notice that refers to this Public License;

        iv. a notice that refers to the disclaimer of warranties;

        v. a URI or hyperlink to the Licensed Material to the extent reasonably practicable;

    B. indicate if You modified the Licensed Material and retain an indication of any previous modifications; and

    C. indicate the Licensed Material is licensed under this Public License,

115

and include the text of, or the URI or hyperlink to, this Public License.

2. You may satisfy the conditions in Section 3(a)(1) in any reasonable manner based on the medium, means, and context in which You Share the Licensed Material. For example, it may be reasonable to satisfy the conditions by providing a URI or hyperlink to a resource that includes the required information.

3. If requested by the Licensor, You must remove any of the information required by Section 3(a)(1)(A) to the extent reasonably practicable.

4. If You Share Adapted Material You produce, the Adapter's License You apply must not prevent recipients of the Adapted Material from complying with this Public License.

b. **ShareAlike.**

In addition to the conditions in Section 3(a), if You Share Adapted Material You produce, the following conditions also apply.

1. The Adapter's License You apply must be a Creative Commons license with the same License Elements, this version or later, or a BY-SA Compatible License.

2. You must include the text of, or the URI or hyperlink to, the Adapter's License You apply. You may satisfy this condition in any reasonable manner based on the medium, means, and context in which You Share Adapted Material.

3. You may not offer or impose any additional or different terms or conditions on, or apply any Effective Technological Measures to, Adapted Material that restrict exercise of the rights granted under the Adapter's License You apply.

Section 4 – Sui Generis Database Rights.

Where the Licensed Rights include Sui Generis Database Rights that apply to Your use of the Licensed Material:

a. for the avoidance of doubt, Section 2(a)(1) grants You the right to extract, reuse, reproduce, and Share all or a substantial portion of the contents of the database;

b. if You include all or a substantial portion of the database contents in a database in which You have Sui Generis Database Rights, then the database in which You have Sui Generis Database Rights (but not its individual contents) is Adapted

Material, including for purposes of Section 3(b); and

c. You must comply with the conditions in Section 3(a) if You Share all or a substantial portion of the contents of the database.

For the avoidance of doubt, this Section 4 supplements and does not replace Your obligations under this Public License where the Licensed Rights include other Copyright and Similar Rights.

Section 5 – Disclaimer of Warranties and Limitation of Liability.

a. **Unless otherwise separately undertaken by the Licensor, to the extent possible, the Licensor offers the Licensed Material as-is and as-available, and makes no representations or warranties of any kind concerning the Licensed Material, whether express, implied, statutory, or other. This includes, without limitation, warranties of title, merchantability, fitness for a particular purpose, non-infringement, absence of latent or other defects, accuracy, or the presence or absence of errors, whether or not known or discoverable. Where disclaimers of warranties are not allowed in full or in part, this disclaimer may not apply to You.**

b. **To the extent possible, in no event will the Licensor be liable to You on any legal theory (including, without limitation, negligence) or otherwise for any direct, special, indirect, incidental, consequential, punitive, exemplary, or other losses, costs, expenses, or damages arising out of this Public License or use of the Licensed Material, even if the Licensor has been advised of the possibility of such losses, costs, expenses, or damages. Where a limitation of liability is not allowed in full or in part, this limitation may not apply to You.**

c. The disclaimer of warranties and limitation of liability provided above shall be interpreted in a manner that, to the extent possible, most closely approximates an absolute disclaimer and waiver of all liability.

Section 6 – Term and Termination.

a. This Public License applies for the term of the Copyright and Similar Rights licensed here. However, if You fail to comply with this Public License, then Your rights under this Public License terminate automatically.

b. Where Your right to use the Licensed Material has terminated under Section 6(a), it reinstates:

1. automatically as of the date the violation is cured, provided it is cured

within 30 days of Your discovery of the violation; or

2.   upon express reinstatement by the Licensor.

For the avoidance of doubt, this Section 6(b) does not affect any right the Licensor may have to seek remedies for Your violations of this Public License.

c. For the avoidance of doubt, the Licensor may also offer the Licensed Material under separate terms or conditions or stop distributing the Licensed Material at any time; however, doing so will not terminate this Public License.

d. Sections 1, 5, 6, 7, and 8 survive termination of this Public License.

Section 7 – Other Terms and Conditions.

a. The Licensor shall not be bound by any additional or different terms or conditions communicated by You unless expressly agreed.

b. Any arrangements, understandings, or agreements regarding the Licensed Material not stated herein are separate from and independent of the terms and conditions of this Public License.

Section 8 – Interpretation.

a. For the avoidance of doubt, this Public License does not, and shall not be interpreted to, reduce, limit, restrict, or impose conditions on any use of the Licensed Material that could lawfully be made without permission under this Public License.

b. To the extent possible, if any provision of this Public License is deemed unenforceable, it shall be automatically reformed to the minimum extent necessary to make it enforceable. If the provision cannot be reformed, it shall be severed from this Public License without affecting the enforceability of the remaining terms and conditions.

c. No term or condition of this Public License will be waived and no failure to comply consented to unless expressly agreed to by the Licensor.

d. Nothing in this Public License constitutes or may be interpreted as a limitation upon, or waiver of, any privileges and immunities that apply to the Licensor or You, including from the legal processes of any jurisdiction or authority.

CC 协议署名–非商业性使用 4.0（CC BY–NC 4.0）国际版❶

Attribution-NonCommercial 4.0 International

By exercising the Licensed Rights (defined below), You accept and agree to be bound by the terms and conditions of this Creative Commons Attribution-NonCommercial 4.0 International Public License ("Public License"). To the extent this Public License may be interpreted as a contract, You are granted the Licensed Rights in consideration of Your acceptance of these terms and conditions, and the Licensor grants You such rights in consideration of benefits the Licensor receives from making the Licensed Material available under these terms and conditions.

Section 1 – Definitions.

a. Adapted Material means material subject to Copyright and Similar Rights that is derived from or based upon the Licensed Material and in which the Licensed Material is translated, altered, arranged, transformed, or otherwise modified in a manner requiring permission under the Copyright and Similar Rights held by the Licensor. For purposes of this Public License, where the Licensed Material is a musical work, performance, or sound recording, Adapted Material is always produced where the Licensed Material is synched in timed relation with a moving image.

b. Adapter's License means the license You apply to Your Copyright and Similar Rights in Your contributions to Adapted Material in accordance with the terms and conditions of this Public License.

c. Copyright and Similar Rights means copyright and/or similar rights closely related to copyright including, without limitation, performance, broadcast, sound recording, and Sui Generis Database Rights, without regard to how the rights are labeled or categorized. For purposes of this Public License, the rights specified in Section 2(b)(1)-(2) are not Copyright and Similar Rights.

d. Effective Technological Measures means those measures that, in the absence of proper authority, may not be circumvented under laws fulfilling obligations under Article 11 of the WIPO Copyright Treaty adopted on December 20, 1996, and/or similar international agreements.

---

❶ 转载自知识共享组织官方网站（https://creativecommons.org/licenses/by-nc/4.0/legalcode.en），原文适用《CC BY-4.0 协议》（https://creativecommons.org/licenses/by/4.0/）.

e. <u>Exceptions and Limitations</u> means fair use, fair dealing, and/or any other exception or limitation to Copyright and Similar Rights that applies to Your use of the Licensed Material.

f. <u>Licensed Material</u> means the artistic or literary work, database, or other material to which the Licensor applied this Public License.

g. <u>Licensed Rights</u> means the rights granted to You subject to the terms and conditions of this Public License, which are limited to all Copyright and Similar Rights that apply to Your use of the Licensed Material and that the Licensor has authority to license.

h. <u>Licensor</u> means the individual(s) or entity(ies) granting rights under this Public License.

i. <u>NonCommercial</u> means not primarily intended for or directed towards commercial advantage or monetary compensation. For purposes of this Public License, the exchange of the Licensed Material for other material subject to Copyright and Similar Rights by digital file-sharing or similar means is NonCommercial provided there is no payment of monetary compensation in connection with the exchange.

j. <u>Share</u> means to provide material to the public by any means or process that requires permission under the Licensed Rights, such as reproduction, public display, public performance, distribution, dissemination, communication, or importation, and to make material available to the public including in ways that members of the public may access the material from a place and at a time individually chosen by them.

k. <u>Sui Generis Database Rights</u> means rights other than copyright resulting from Directive 96/9/EC of the European Parliament and of the Council of 11 March 1996 on the legal protection of databases, as amended and/or succeeded, as well as other essentially equivalent rights anywhere in the world.

l. <u>You</u> means the individual or entity exercising the Licensed Rights under this Public License. **Your** has a corresponding meaning.

Section 2 – Scope.

a. License grant.

1. Subject to the terms and conditions of this Public License, the Licensor hereby grants You a worldwide, royalty-free, non-sublicensable, non-exclusive, irrevocable license to exercise the Licensed Rights in the

Licensed Material to:

    A. reproduce and Share the Licensed Material, in whole or in part , for NonCommercial purposes only; and

    B. produce, reproduce, and Share Adapted Material for NonCommercial purposes only.

2. **Exceptions and Limitations.** For the avoidance of doubt, where Exceptions and Limitations apply to Your use, this Public License does not apply, and You do not need to comply with its terms and conditions.

3. **Term.** The term of this Public License is specified in Section 6(a).

4. **Media and formats; technical modifications allowed.** The Licensor authorizes You to exercise the Licensed Rights in all media and formats whether now known or hereafter created, and to make technical modifications necessary to do so. The Licensor waives and/or agrees not to assert any right or authority to forbid You from making technical modifications necessary to exercise the Licensed Rights, including technical modifications necessary to circumvent Effective Technological Measures. For purposes of this Public License, simply making modifications authorized by this Section 2(a)(4) never produces Adapted Material.

5. Downstream recipients.

    A. Offer from the Licensor – Licensed Material. Every recipient of the Licensed Material automatically receives an offer from the Licensor to exercise the Licensed Rights under the terms and conditions of this Public License.

    B. No downstream restrictions. You may not offer or impose any additional or different terms or conditions on, or apply any Effective Technological Measures to, the Licensed Material if doing so restricts exercise of the Licensed Rights by any recipient of the Licensed Material.

6. No endorsement. Nothing in this Public License constitutes or may be construed as permission to assert or imply that You are, or that Your use of the Licensed Material is, connected with, or sponsored, endorsed, or granted official status by, the Licensor or others designated to receive attribution as provided in Section 3(a)(1)(A)(i).

b. Other rights.

1. Moral rights, such as the right of integrity, are not licensed under this Public License, nor are publicity, privacy, and/or other similar personality rights; however, to the extent possible, the Licensor waives and/or agrees not to assert any such rights held by the Licensor to the limited extent necessary to allow You to exercise the Licensed Rights, but not otherwise.

2. Patent and trademark rights are not licensed under this Public License.

3. To the extent possible, the Licensor waives any right to collect royalties from You for the exercise of the Licensed Rights, whether directly or through a collecting society under any voluntary or waivable statutory or compulsory licensing scheme. In all other cases the Licensor expressly reserves any right to collect such royalties, including when the Licensed Material is used other than for NonCommercial purposes.

Section 3 – License Conditions.

Your exercise of the Licensed Rights is expressly made subject to the following conditions.

a. Attribution.

1. If You Share the Licensed Material (including in modified form), You must:

   A. retain the following if it is supplied by the Licensor with the Licensed Material:

      i. identification of the creator(s) of the Licensed Material and any others designated to receive attribution, in any reasonable manner requested by the Licensor (including by pseudonym if designated);

      ii. a copyright notice;

      iii. a notice that refers to this Public License;

      iv. a notice that refers to the disclaimer of warranties;

      v. a URI or hyperlink to the Licensed Material to the extent reasonably practicable;

   B. indicate if You modified the Licensed Material and retain an indication of any previous modifications; and

   C. indicate the Licensed Material is licensed under this Public License, and include the text of, or the URI or hyperlink to, this Public License.

2. You may satisfy the conditions in Section 3(a)(1) in any reasonable manner based on the medium, means, and context in which You Share the Licensed Material. For example, it may be reasonable to satisfy the conditions by providing a URI or hyperlink to a resource that includes the required information.

3. If requested by the Licensor, You must remove any of the information required by Section 3(a)(1)(A) to the extent reasonably practicable.

4. If You Share Adapted Material You produce, the Adapter's License You apply must not prevent recipients of the Adapted Material from complying with this Public License.

Section 4 – Sui Generis Database Rights.

Where the Licensed Rights include Sui Generis Database Rights that apply to Your use of the Licensed Material:

a. for the avoidance of doubt, Section 2(a)(1) grants You the right to extract, reuse, reproduce, and Share all or a substantial portion of the contents of the database for NonCommercial purposes only;

b. if You include all or a substantial portion of the database contents in a database in which You have Sui Generis Database Rights, then the database in which You have Sui Generis Database Rights (but not its individual contents) is Adapted Material; and

c. You must comply with the conditions in Section 3(a) if You Share all or a substantial portion of the contents of the database.

For the avoidance of doubt, this Section 4 supplements and does not replace Your obligations under this Public License where the Licensed Rights include other Copyright and Similar Rights.

Section 5 – Disclaimer of Warranties and Limitation of Liability.

a. **Unless otherwise separately undertaken by the Licensor, to the extent possible, the Licensor offers the Licensed Material as-is and as-available, and makes no representations or warranties of any kind concerning the Licensed Material, whether express, implied, statutory, or other. This includes, without limitation, warranties of title, merchantability, fitness for a particular purpose, non-infringement, absence of latent or other defects, accuracy, or the presence or absence of errors, whether or not known or discoverable. Where disclaimers of warranties are not allowed in full or in**

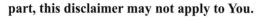

part, this disclaimer may not apply to You.

b. **To the extent possible, in no event will the Licensor be liable to You on any legal theory (including, without limitation, negligence) or otherwise for any direct, special, indirect, incidental, consequential, punitive, exemplary, or other losses, costs, expenses, or damages arising out of this Public License or use of the Licensed Material, even if the Licensor has been advised of the possibility of such losses, costs, expenses, or damages. Where a limitation of liability is not allowed in full or in part, this limitation may not apply to You.**

c. The disclaimer of warranties and limitation of liability provided above shall be interpreted in a manner that, to the extent possible, most closely approximates an absolute disclaimer and waiver of all liability.

Section 6 – Term and Termination.

a. This Public License applies for the term of the Copyright and Similar Rights licensed here. However, if You fail to comply with this Public License, then Your rights under this Public License terminate automatically.

b. Where Your right to use the Licensed Material has terminated under Section 6(a), it reinstates:

1. automatically as of the date the violation is cured, provided it is cured within 30 days of Your discovery of the violation; or

2. upon express reinstatement by the Licensor.

For the avoidance of doubt, this Section 6(b) does not affect any right the Licensor may have to seek remedies for Your violations of this Public License.

c. For the avoidance of doubt, the Licensor may also offer the Licensed Material under separate terms or conditions or stop distributing the Licensed Material at any time; however, doing so will not terminate this Public License.

d. Sections 1, 5, 6, 7, and 8 survive termination of this Public License.

Section 7 – Other Terms and Conditions.

a. The Licensor shall not be bound by any additional or different terms or conditions communicated by You unless expressly agreed.

b. Any arrangements, understandings, or agreements regarding the Licensed Material not stated herein are separate from and independent of the terms and conditions of this Public License.

Section 8 – Interpretation.

a. For the avoidance of doubt, this Public License does not, and shall not be interpreted to, reduce, limit, restrict, or impose conditions on any use of the Licensed Material that could lawfully be made without permission under this Public License.

b. To the extent possible, if any provision of this Public License is deemed unenforceable, it shall be automatically reformed to the minimum extent necessary to make it enforceable. If the provision cannot be reformed, it shall be severed from this Public License without affecting the enforceability of the remaining terms and conditions.

c. No term or condition of this Public License will be waived and no failure to comply consented to unless expressly agreed to by the Licensor.

d. Nothing in this Public License constitutes or may be interpreted as a limitation upon, or waiver of, any privileges and immunities that apply to the Licensor or You, including from the legal processes of any jurisdiction or authority.

125

CC 协议署名–非商业性使用–相同方式共享 4.0
（CC BY–NC–SA 4.0）国际版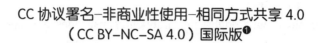

Attribution-NonCommercial-ShareAlike 4.0 International

By exercising the Licensed Rights (defined below), You accept and agree to be bound by the terms and conditions of this Creative Commons Attribution-NonCommercial-ShareAlike 4.0 International Public License ("Public License"). To the extent this Public License may be interpreted as a contract, You are granted the Licensed Rights in consideration of Your acceptance of these terms and conditions, and the Licensor grants You such rights in consideration of benefits the Licensor receives from making the Licensed Material available under these terms and conditions.

Section 1 – Definitions.

a. <u>Adapted Material</u> means material subject to Copyright and Similar Rights that is derived from or based upon the Licensed Material and in which the Licensed Material is translated, altered, arranged, transformed, or otherwise modified in a manner requiring permission under the Copyright and Similar Rights held by the Licensor. For purposes of this Public License, where the Licensed Material is a musical work, performance, or sound recording, Adapted Material is always produced where the Licensed Material is synched in timed relation with a moving image.

b. <u>Adapter's License</u> means the license You apply to Your Copyright and Similar Rights in Your contributions to Adapted Material in accordance with the terms and conditions of this Public License.

c. <u>BY-NC-SA Compatible License</u> means a license listed at creativecommons.org/compatiblelicenses, approved by Creative Commons as essentially the equivalent of this Public License.

d. <u>Copyright and Similar Rights </u> means copyright and/or similar rights closely related to copyright including, without limitation, performance, broadcast, sound recording, and Sui Generis Database Rights, without regard to how the rights are labeled or categorized. For purposes of this Public License, the rights specified

---

❶ 转载自知识共享组织官方网站（https://creativecommons.org/licenses/by-nc-sa/4.0/legalcode.en），原文适用《CC BY-4.0 协议》（https://creativecommons.org/licenses/by/4.0/）。

in Section 2(b)(1)-(2) are not Copyright and Similar Rights.

e. Effective Technological Measures means those measures that, in the absence of proper authority, may not be circumvented under laws fulfilling obligations under Article 11 of the WIPO Copyright Treaty adopted on December 20, 1996, and/or similar international agreements.

f. Exceptions and Limitations means fair use, fair dealing, and/or any other exception or limitation to Copyright and Similar Rights that applies to Your use of the Licensed Material.

g. License Elements means the license attributes listed in the name of a Creative Commons Public License. The License Elements of this Public License are Attribution, NonCommercial, and ShareAlike.

h. Licensed Material means the artistic or literary work, database, or other material to which the Licensor applied this Public License.

i. Licensed Rights means the rights granted to You subject to the terms and conditions of this Public License, which are limited to all Copyright and Similar Rights that apply to Your use of the Licensed Material and that the Licensor has authority to license.

j. Licensor means the individual(s) or entity(ies) granting rights under this Public License.

k. NonCommercial means not primarily intended for or directed towards commercial advantage or monetary compensation. For purposes of this Public License, the exchange of the Licensed Material for other material subject to Copyright and Similar Rights by digital file-sharing or similar means is NonCommercial provided there is no payment of monetary compensation in connection with the exchange.

l. Share means to provide material to the public by any means or process that requires permission under the Licensed Rights, such as reproduction, public display, public performance, distribution, dissemination, communication, or importation, and to make material available to the public including in ways that members of the public may access the material from a place and at a time individually chosen by them.

m. Sui Generis Database Rights means rights other than copyright resulting from Directive 96/9/EC of the European Parliament and of the Council of 11 March 1996 on the legal protection of databases, as amended and/or succeeded, as well

127

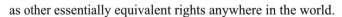

as other essentially equivalent rights anywhere in the world.

n. <u>You</u> means the individual or entity exercising the Licensed Rights under this Public License. Your has a corresponding meaning.

Section 2 – Scope.

a. License grant.

1. Subject to the terms and conditions of this Public License, the Licensor hereby grants You a worldwide, royalty-free, non-sublicensable, non-exclusive, irrevocable license to exercise the Licensed Rights in the Licensed Material to:

   A. reproduce and Share the Licensed Material, in whole or in part, for NonCommercial purposes only; and

   B. produce, reproduce, and Share Adapted Material for NonCommercial purposes only.

2. **Exceptions and Limitations.** For the avoidance of doubt, where Exceptions and Limitations apply to Your use, this Public License does not apply, and You do not need to comply with its terms and conditions.

3. **Term.** The term of this Public License is specified in Section 6(a).

4. **Media and formats; technical modifications allowed.** The Licensor authorizes You to exercise the Licensed Rights in all media and formats whether now known or hereafter created, and to make technical modifications necessary to do so. The Licensor waives and/or agrees not to assert any right or authority to forbid You from making technical modifications necessary to exercise the Licensed Rights, including technical modifications necessary to circumvent Effective Technological Measures. For purposes of this Public License, simply making modifications authorized by this Section 2(a)(4) never produces Adapted Material.

5. <u>Downstream recipients.</u>

   A. <u>Offer from the Licensor – Licensed Material</u>. Every recipient of the Licensed Material automatically receives an offer from the Licensor to exercise the Licensed Rights under the terms and conditions of this Public License.

   B. <u>Additional offer from the Licensor – Adapted Material.</u> Every recipient of Adapted Material from You automatically receives an offer from the Licensor to exercise the Licensed Rights in the Adapted Material under the conditions of the Adapter's License You apply.

    C. <u>No downstream restrictions.</u> You may not offer or impose any additional or different terms or conditions on, or apply any Effective Technological Measures to, the Licensed Material if doing so restricts exercise of the Licensed Rights by any recipient of the Licensed Material.

6. <u>No endorsement.</u> Nothing in this Public License constitutes or may be construed as permission to assert or imply that You are, or that Your use of the Licensed Material is, connected with, or sponsored, endorsed, or granted official status by, the Licensor or others designated to receive attribution as provided in Section 3(a)(1)(A)(i).

b. **Other rights.**

1. Moral rights, such as the right of integrity, are not licensed under this Public License, nor are publicity, privacy, and/or other similar personality rights; however, to the extent possible, the Licensor waives and/or agrees not to assert any such rights held by the Licensor to the limited extent necessary to allow You to exercise the Licensed Rights, but not otherwise.

2. Patent and trademark rights are not licensed under this Public License.

3. To the extent possible, the Licensor waives any right to collect royalties from You for the exercise of the Licensed Rights, whether directly or through a collecting society under any voluntary or waivable statutory or compulsory licensing scheme. In all other cases the Licensor expressly reserves any right to collect such royalties, including when the Licensed Material is used other than for NonCommercial purposes.

Section 3 – License Conditions.

Your exercise of the Licensed Rights is expressly made subject to the following conditions.

a. **Attribution.**

1. If You Share the Licensed Material (including in modified form), You must:

    A. retain the following if it is supplied by the Licensor with the Licensed Material:

        i. identification of the creator(s) of the Licensed Material and any others designated to receive attribution, in any reasonable

129

        manner requested by the Licensor (including by pseudonym if designated);

  ii. a copyright notice;

  iii. a notice that refers to this Public License;

  iv. a notice that refers to the disclaimer of warranties;

  v. a URI or hyperlink to the Licensed Material to the extent reasonably practicable;

  B. indicate if You modified the Licensed Material and retain an indication of any previous modifications; and

  C. indicate the Licensed Material is licensed under this Public License, and include the text of, or the URI or hyperlink to, this Public License.

2. You may satisfy the conditions in Section 3(a)(1) in any reasonable manner based on the medium, means, and context in which You Share the Licensed Material. For example, it may be reasonable to satisfy the conditions by providing a URI or hyperlink to a resource that includes the required information.

3. If requested by the Licensor, You must remove any of the information required by Section 3(a)(1)(A) to the extent reasonably practicable.

4. If You Share Adapted Material You produce, the Adapter's License You apply must not prevent recipients of the Adapted Material from complying with this Public License.

b. ShareAlike.

In addition to the conditions in Section 3(a) , if You Share Adapted Material You produce, the following conditions also apply.

1. The Adapter's License You apply must be a Creative Commons license with the same License Elements, this version or later, or a BY-SA Compatible License.

2. You must include the text of, or the URI or hyperlink to, the Adapter's License You apply. You may satisfy this condition in any reasonable manner based on the medium, means, and context in which You Share Adapted Material.

3. You may not offer or impose any additional or different terms or conditions on, or apply any Effective Technological Measures to, Adapted Material

that restrict exercise of the rights granted under the Adapter's License You apply.

Section 4 – Sui Generis Database Rights.

Where the Licensed Rights include Sui Generis Database Rights that apply to Your use of the Licensed Material:

a. for the avoidance of doubt, Section 2(a)(1) grants You the right to extract, reuse, reproduce, and Share all or a substantial portion of the contents of the database for NonCommercial purposes only;

b. if You include all or a substantial portion of the database contents in a database in which You have Sui Generis Database Rights, then the database in which You have Sui Generis Database Rights (but not its individual contents) is Adapted Material, including for purposes of Section 3(b); and

c. You must comply with the conditions in Section 3(a) if You Share all or a substantial portion of the contents of the database.

For the avoidance of doubt, this Section 4 supplements and does not replace Your obligations under this Public License where the Licensed Rights include other Copyright and Similar Rights.

Section 5 – Disclaimer of Warranties and Limitation of Liability.

a. **Unless otherwise separately undertaken by the Licensor, to the extent possible, the Licensor offers the Licensed Material as-is and as-available, and makes no representations or warranties of any kind concerning the Licensed Material, whether express, implied, statutory, or other. This includes, without limitation, warranties of title, merchantability, fitness for a particular purpose, non-infringement, absence of latent or other defects, accuracy, or the presence or absence of errors, whether or not known or discoverable. Where disclaimers of warranties are not allowed in full or in part, this disclaimer may not apply to You.**

d. **To the extent possible, in no event will the Licensor be liable to You on any legal theory (including, without limitation, negligence) or otherwise for any direct, special, indirect, incidental, consequential, punitive, exemplary, or other losses, costs, expenses, or damages arising out of this Public License or use of the Licensed Material, even if the Licensor has been advised of the possibility of such losses, costs, expenses, or damages. Where a limitation of liability is not allowed in full or in part, this limitation may not apply to**

You.

e. The disclaimer of warranties and limitation of liability provided above shall be interpreted in a manner that, to the extent possible, most closely approximates an absolute disclaimer and waiver of all liability.

Section 6 – Term and Termination.

a. This Public License applies for the term of the Copyright and Similar Rights licensed here. However, if You fail to comply with this Public License, then Your rights under this Public License terminate automatically.

b. Where Your right to use the Licensed Material has terminated under Section 6(a), it reinstates:

1. automatically as of the date the violation is cured, provided it is cured within 30 days of Your discovery of the violation; or

2. upon express reinstatement by the Licensor.

For the avoidance of doubt, this Section 6(b) does not affect any right the Licensor may have to seek remedies for Your violations of this Public License.

c. For the avoidance of doubt, the Licensor may also offer the Licensed Material under separate terms or conditions or stop distributing the Licensed Material at any time; however, doing so will not terminate this Public License.

d. Sections 1, 5, 6, 7, and 8 survive termination of this Public License.

Section 7 – Other Terms and Conditions.

a. The Licensor shall not be bound by any additional or different terms or conditions communicated by You unless expressly agreed.

b. Any arrangements, understandings, or agreements regarding the Licensed Material not stated herein are separate from and independent of the terms and conditions of this Public License.

Section 8 – Interpretation.

a. For the avoidance of doubt, this Public License does not, and shall not be interpreted to, reduce, limit, restrict, or impose conditions on any use of the Licensed Material that could lawfully be made without permission under this Public License.

b. To the extent possible, if any provision of this Public License is deemed unenforceable, it shall be automatically reformed to the minimum extent necessary to make it enforceable. If the provision cannot be reformed, it shall be severed from this Public License without affecting the enforceability of the remaining terms and conditions.

c. No term or condition of this Public License will be waived and no failure to comply consented to unless expressly agreed to by the Licensor.

d. Nothing in this Public License constitutes or may be interpreted as a limitation upon, or waiver of, any privileges and immunities that apply to the Licensor or You, including from the legal processes of any jurisdiction or authority.

CC 协议署名–禁止演绎 4.0（CC BY–ND 4.0）国际版❶

Attribution-NoDerivatives 4.0 International

By exercising the Licensed Rights (defined below), You accept and agree to be bound by the terms and conditions of this Creative Commons Attribution-NoDerivatives 4.0 International Public License ("Public License"). To the extent this Public License may be interpreted as a contract, You are granted the Licensed Rights in consideration of Your acceptance of these terms and conditions, and the Licensor grants You such rights in consideration of benefits the Licensor receives from making the Licensed Material available under these terms and conditions.

Section 1 – Definitions.

a. <u>Adapted Material</u> means material subject to Copyright and Similar Rights that is derived from or based upon the Licensed Material and in which the Licensed Material is translated, altered, arranged, transformed, or otherwise modified in a manner requiring permission under the Copyright and Similar Rights held by the Licensor. For purposes of this Public License, where the Licensed Material is a musical work, performance, or sound recording, Adapted Material is always produced where the Licensed Material is synched in timed relation with a moving image.

b. <u>Copyright and Similar Rights</u> means copyright and/or similar rights closely related to copyright including, without limitation, performance, broadcast, sound recording, and Sui Generis Database Rights, without regard to how the rights are labeled or categorized. For purposes of this Public License, the rights specified in Section 2(b)(1)-(2) are not Copyright and Similar Rights.

c. <u>Effective Technological Measures</u> means those measures that, in the absence of proper authority, may not be circumvented under laws fulfilling obligations under Article 11 of the WIPO Copyright Treaty adopted on December 20, 1996, and/or similar international agreements.

d. <u>Exceptions and Limitations</u> means fair use, fair dealing, and/or any other exception or limitation to Copyright and Similar Rights that applies to Your use of the Licensed Material.

---

❶ 转载自知识共享组织官方网站（https://creativecommons.org/licenses/by-nd/4.0/legalcode.en），原文适用《CC BY 4.0 协议》（https://creativecommons.org/licenses/by/4.0/）

e. <u>Licensed Material</u> means the artistic or literary work, database, or other material to which the Licensor applied this Public License.

f. <u>Licensed Rights</u> means the rights granted to You subject to the terms and conditions of this Public License, which are limited to all Copyright and Similar Rights that apply to Your use of the Licensed Material and that the Licensor has authority to license.

g. <u>Licensor</u> means the individual(s) or entity(ies) granting rights under this Public License.

h. <u>Share</u> means to provide material to the public by any means or process that requires permission under the Licensed Rights, such as reproduction, public display, public performance, distribution, dissemination, communication, or importation, and to make material available to the public including in ways that members of the public may access the material from a place and at a time individually chosen by them.

i. <u>Sui Generis Database Rights</u> means rights other than copyright resulting from Directive 96/9/EC of the European Parliament and of the Council of 11 March 1996 on the legal protection of databases, as amended and/or succeeded, as well as other essentially equivalent rights anywhere in the world.

j. <u>You</u> means the individual or entity exercising the Licensed Rights under this Public License. **Your** has a corresponding meaning.

Section 2 – Scope.

a. **License grant.**

1. Subject to the terms and conditions of this Public License, the Licensor hereby grants You a worldwide, royalty-free, non-sublicensable, non-exclusive, irrevocable license to exercise the Licensed Rights in the Licensed Material to:

    A. reproduce and Share the Licensed Material, in whole or in part; and

    B. produce and reproduce, but not Share, Adapted Material.

2. **Exceptions and Limitations.** For the avoidance of doubt, where Exceptions and Limitations apply to Your use, this Public License does not apply, and You do not need to comply with its terms and conditions.

3. **Term.** The term of this Public License is specified in Section 6(a).

4. **Media and formats; technical modifications allowed.** The Licensor authorizes You to exercise the Licensed Rights in all media and formats

whether now known or hereafter created, and to make technical modifications necessary to do so. The Licensor waives and/or agrees not to assert any right or authority to forbid You from making technical modifications necessary to exercise the Licensed Rights, including technical modifications necessary to circumvent Effective Technological Measures. For purposes of this Public License, simply making modifications authorized by this Section 2(a)(4) never produces Adapted Material.

5. Downstream recipients.

    A. Offer from the Licensor – Licensed Material. Every recipient of the Licensed Material automatically receives an offer from the Licensor to exercise the Licensed Rights under the terms and conditions of this Public License.

    B. No downstream restrictions. You may not offer or impose any additional or different terms or conditions on, or apply any Effective Technological Measures to, the Licensed Material if doing so restricts exercise of the Licensed Rights by any recipient of the Licensed Material.

6. No endorsement. Nothing in this Public License constitutes or may be construed as permission to assert or imply that You are, or that Your use of the Licensed Material is, connected with, or sponsored, endorsed, or granted official status by, the Licensor or others designated to receive attribution as provided in Section 3(a)(1)(A)(i).

b. **Other rights.**

1. Moral rights, such as the right of integrity, are not licensed under this Public License, nor are publicity, privacy, and/or other similar personality rights; however, to the extent possible, the Licensor waives and/or agrees not to assert any such rights held by the Licensor to the limited extent necessary to allow You to exercise the Licensed Rights, but not otherwise.

2. Patent and trademark rights are not licensed under this Public License.

3. To the extent possible, the Licensor waives any right to collect royalties from You for the exercise of the Licensed Rights, whether directly or through a collecting society under any voluntary or waivable statutory or compulsory licensing scheme. In all other cases the Licensor expressly

reserves any right to collect such royalties.

Section 3 – License Conditions.

Your exercise of the Licensed Rights is expressly made subject to the following conditions.

a. Attribution.

1. If You Share the Licensed Material, You must:

   A. retain the following if it is supplied by the Licensor with the Licensed Material:

      i. identification of the creator(s) of the Licensed Material and any others designated to receive attribution, in any reasonable manner requested by the Licensor (including by pseudonym if designated);

      ii. a copyright notice;

      iii. a notice that refers to this Public License;

      iv. a notice that refers to the disclaimer of warranties;

      v. a URI or hyperlink to the Licensed Material to the extent reasonably practicable;

   B. indicate if You modified the Licensed Material and retain an indication of any previous modifications; and

   C. indicate the Licensed Material is licensed under this Public License, and include the text of, or the URI or hyperlink to, this Public License.

   For the avoidance of doubt, You do not have permission under this Public License to Share Adapted Material.

2. You may satisfy the conditions in Section 3(a)(1) in any reasonable manner based on the medium, means, and context in which You Share the Licensed Material. For example, it may be reasonable to satisfy the conditions by providing a URI or hyperlink to a resource that includes the required information.

3. If requested by the Licensor, You must remove any of the information required by Section 3(a)(1)(A) to the extent reasonably practicable.

Section 4 – Sui Generis Database Rights.

Where the Licensed Rights include Sui Generis Database Rights that apply to Your use of the Licensed Material:

137

a. for the avoidance of doubt, Section 2(a)(1) grants You the right to extract, reuse, reproduce, and Share all or a substantial portion of the contents of the database, provided You do not Share Adapted Material;

b. if You include all or a substantial portion of the database contents in a database in which You have Sui Generis Database Rights, then the database in which You have Sui Generis Database Rights (but not its individual contents) is Adapted Material; and

c. You must comply with the conditions in Section 3(a) if You Share all or a substantial portion of the contents of the database.

For the avoidance of doubt, this Section 4 supplements and does not replace Your obligations under this Public License where the Licensed Rights include other Copyright and Similar Rights.

Section 5 – Disclaimer of Warranties and Limitation of Liability.

a. Unless otherwise separately undertaken by the Licensor, to the extent possible, the Licensor offers the Licensed Material as-is and as-available, and makes no representations or warranties of any kind concerning the Licensed Material, whether express, implied, statutory, or other. This includes, without limitation, warranties of title, merchantability, fitness for a particular purpose, non-infringement, absence of latent or other defects, accuracy, or the presence or absence of errors, whether or not known or discoverable. Where disclaimers of warranties are not allowed in full or in part, this disclaimer may not apply to You.

b. To the extent possible, in no event will the Licensor be liable to You on any legal theory (including, without limitation, negligence) or otherwise for any direct, special, indirect, incidental, consequential, punitive, exemplary, or other losses, costs, expenses, or damages arising out of this Public License or use of the Licensed Material, even if the Licensor has been advised of the possibility of such losses, costs, expenses, or damages. Where a limitation of liability is not allowed in full or in part, this limitation may not apply to You.

c. The disclaimer of warranties and limitation of liability provided above shall be interpreted in a manner that, to the extent possible, most closely approximates an absolute disclaimer and waiver of all liability.

Section 6 – Term and Termination.

a. This Public License applies for the term of the Copyright and Similar Rights licensed here. However, if You fail to comply with this Public License, then

Your rights under this Public License terminate automatically.

b. Where Your right to use the Licensed Material has terminated under Section 6(a), it reinstates:

    1. automatically as of the date the violation is cured, provided it is cured within 30 days of Your discovery of the violation; or

    2. upon express reinstatement by the Licensor.

For the avoidance of doubt, this Section 6(b) does not affect any right the Licensor may have to seek remedies for Your violations of this Public License.

c. For the avoidance of doubt, the Licensor may also offer the Licensed Material under separate terms or conditions or stop distributing the Licensed Material at any time; however, doing so will not terminate this Public License.

d. Sections 1, 5, 6, 7, and 8 survive termination of this Public License.

Section 7 – Other Terms and Conditions.

a. The Licensor shall not be bound by any additional or different terms or conditions communicated by You unless expressly agreed.

b. Any arrangements, understandings, or agreements regarding the Licensed Material not stated herein are separate from and independent of the terms and conditions of this Public License.

Section 8 – Interpretation.

a. For the avoidance of doubt, this Public License does not, and shall not be interpreted to, reduce, limit, restrict, or impose conditions on any use of the Licensed Material that could lawfully be made without permission under this Public License.

b. To the extent possible, if any provision of this Public License is deemed unenforceable, it shall be automatically reformed to the minimum extent necessary to make it enforceable. If the provision cannot be reformed, it shall be severed from this Public License without affecting the enforceability of the remaining terms and conditions.

c. No term or condition of this Public License will be waived and no failure to comply consented to unless expressly agreed to by the Licensor.

d. Nothing in this Public License constitutes or may be interpreted as a limitation upon, or waiver of, any privileges and immunities that apply to the Licensor or You, including from the legal processes of any jurisdiction or authority.

139

CC 协议署名-非商业性使用-禁止演绎 4.0
（CC BY-NC-ND 4.0）国际版❶

Attribution-NonCommercial-NoDerivatives 4.0 International

By exercising the Licensed Rights (defined below), You accept and agree to be bound by the terms and conditions of this Creative Commons Attribution-NonCommercial-NoDerivatives 4.0 International Public License ("Public License"). To the extent this Public License may be interpreted as a contract, You are granted the Licensed Rights in consideration of Your acceptance of these terms and conditions, and the Licensor grants You such rights in consideration of benefits the Licensor receives from making the Licensed Material available under these terms and conditions.

Section 1 – Definitions.

a. Adapted Material means material subject to Copyright and Similar Rights that is derived from or based upon the Licensed Material and in which the Licensed Material is translated, altered, arranged, transformed, or otherwise modified in a manner requiring permission under the Copyright and Similar Rights held by the Licensor. For purposes of this Public License, where the Licensed Material is a musical work, performance, or sound recording, Adapted Material is always produced where the Licensed Material is synched in timed relation with a moving image.

b. Copyright and Similar Rights means copyright and/or similar rights closely related to copyright including, without limitation, performance, broadcast, sound recording, and Sui Generis Database Rights, without regard to how the rights are labeled or categorized. For purposes of this Public License, the rights specified in Section 2(b)(1)-(2) are not Copyright and Similar Rights.

c. Effective Technological Measures means those measures that, in the absence of proper authority, may not be circumvented under laws fulfilling obligations under Article 11 of the WIPO Copyright Treaty adopted on December 20, 1996, and/or similar international agreements.

d. Exceptions and Limitations means fair use, fair dealing, and/or any other

---

❶ 转载自知识共享组织官方网站（https://creativecommons.org/licenses/by-nc-nd/4.0/legalcode.en），原文适用《CC BY-4.0 协议》（https://creativecommons.org/licenses/by/4.0/）

exception or limitation to Copyright and Similar Rights that applies to Your use of the Licensed Material.

e.　Licensed Material means the artistic or literary work, database, or other material to which the Licensor applied this Public License.

f.　Licensed Rights means the rights granted to You subject to the terms and conditions of this Public License, which are limited to all Copyright and Similar Rights that apply to Your use of the Licensed Material and that the Licensor has authority to license.

g.　Licensor means the individual(s) or entity(ies) granting rights under this Public License.

h.　NonCommercial means not primarily intended for or directed towards commercial advantage or monetary compensation. For purposes of this Public License, the exchange of the Licensed Material for other material subject to Copyright and Similar Rights by digital file-sharing or similar means is NonCommercial provided there is no payment of monetary compensation in connection with the exchange.

i.　Share means to provide material to the public by any means or process that requires permission under the Licensed Rights, such as reproduction, public display, public performance, distribution, dissemination, communication, or importation, and to make material available to the public including in ways that members of the public may access the material from a place and at a time individually chosen by them.

j.　Sui Generis Database Rights means rights other than copyright resulting from Directive 96/9/EC of the European Parliament and of the Council of 11 March 1996 on the legal protection of databases, as amended and/or succeeded, as well as other essentially equivalent rights anywhere in the world.

k.　You means the individual or entity exercising the Licensed Rights under this Public License. Your has a corresponding meaning.

Section 2 – Scope.

a.　License grant.

1.　Subject to the terms and conditions of this Public License, the Licensor hereby grants You a worldwide, royalty-free, non-sublicensable, non-exclusive, irrevocable license to exercise the Licensed Rights in the Licensed Material to:

A. reproduce and Share the Licensed Material, in whole or in part, for NonCommercial purposes only; and

B. produce and reproduce, but not Share, Adapted Material for NonCommercial purposes only.

2. **Exceptions and Limitations.** For the avoidance of doubt, where Exceptions and Limitations apply to Your use, this Public License does not apply, and You do not need to comply with its terms and conditions.

3. **Term.** The term of this Public License is specified in Section 6(a).

4. **Media and formats; technical modifications allowed.** The Licensor authorizes You to exercise the Licensed Rights in all media and formats whether now known or hereafter created, and to make technical modifications necessary to do so. The Licensor waives and/or agrees not to assert any right or authority to forbid You from making technical modifications necessary to exercise the Licensed Rights, including technical modifications necessary to circumvent Effective Technological Measures. For purposes of this Public License, simply making modifications authorized by this Section 2(a)(4) never produces Adapted Material.

5. Downstream recipients.

A. Offer from the Licensor – Licensed Material. Every recipient of the Licensed Material automatically receives an offer from the Licensor to exercise the Licensed Rights under the terms and conditions of this Public License.

B. No downstream restrictions. You may not offer or impose any additional or different terms or conditions on, or apply any Effective Technological Measures to, the Licensed Material if doing so restricts exercise of the Licensed Rights by any recipient of the Licensed Material.

6. No endorsement. Nothing in this Public License constitutes or may be construed as permission to assert or imply that You are, or that Your use of the Licensed Material is, connected with, or sponsored, endorsed, or granted official status by, the Licensor or others designated to receive attribution as provided in Section 3(a)(1)(A)(i).

b. Other rights.

    1. Moral rights, such as the right of integrity, are not licensed under this Public License, nor are publicity, privacy, and/or other similar personality rights; however, to the extent possible, the Licensor waives and/or agrees not to assert any such rights held by the Licensor to the limited extent necessary to allow You to exercise the Licensed Rights, but not otherwise.

    2. Patent and trademark rights are not licensed under this Public License.

    3. To the extent possible, the Licensor waives any right to collect royalties from You for the exercise of the Licensed Rights, whether directly or through a collecting society under any voluntary or waivable statutory or compulsory licensing scheme. In all other cases the Licensor expressly reserves any right to collect such royalties, including when the Licensed Material is used other than for NonCommercial purposes.

Section 3 – License Conditions.

Your exercise of the Licensed Rights is expressly made subject to the following conditions.

a. Attribution.

    1. If You Share the Licensed Material, You must:

        A. retain the following if it is supplied by the Licensor with the Licensed Material:

            i. identification of the creator(s) of the Licensed Material and any others designated to receive attribution, in any reasonable manner requested by the Licensor (including by pseudonym if designated);

            ii. a copyright notice;

            iii. a notice that refers to this Public License;

            iv. a notice that refers to the disclaimer of warranties;

            v. a URI or hyperlink to the Licensed Material to the extent reasonably practicable;

        B. indicate if You modified the Licensed Material and retain an indication of any previous modifications; and

        C. indicate the Licensed Material is licensed under this Public License, and include the text of, or the URI or hyperlink to, this Public License.

143

For the avoidance of doubt, You do not have permission under this Public License to Share Adapted Material.

2. You may satisfy the conditions in Section 3(a)(1) in any reasonable manner based on the medium, means, and context in which You Share the Licensed Material. For example, it may be reasonable to satisfy the conditions by providing a URI or hyperlink to a resource that includes the required information.

3. If requested by the Licensor, You must remove any of the information required by Section 3(a)(1)(A) to the extent reasonably practicable.

Section 4 – Sui Generis Database Rights.

Where the Licensed Rights include Sui Generis Database Rights that apply to Your use of the Licensed Material:

a. for the avoidance of doubt, Section 2(a)(1) grants You the right to extract, reuse, reproduce, and Share all or a substantial portion of the contents of the database for NonCommercial purposes only and provided You do not Share Adapted Material;

b. if You include all or a substantial portion of the database contents in a database in which You have Sui Generis Database Rights, then the database in which You have Sui Generis Database Rights (but not its individual contents) is Adapted Material; and

c. You must comply with the conditions in Section 3(a) if You Share all or a substantial portion of the contents of the database.

For the avoidance of doubt, this Section 4 supplements and does not replace Your obligations under this Public License where the Licensed Rights include other Copyright and Similar Rights.

Section 5 – Disclaimer of Warranties and Limitation of Liability.

a. **Unless otherwise separately undertaken by the Licensor, to the extent possible, the Licensor offers the Licensed Material as-is and as-available, and makes no representations or warranties of any kind concerning the Licensed Material, whether express, implied, statutory, or other. This includes, without limitation, warranties of title, merchantability, fitness for a particular purpose, non-infringement, absence of latent or other defects, accuracy, or the presence or absence of errors, whether or not known or discoverable. Where disclaimers of warranties are not allowed in full or in** part, this disclaimer may not apply to You.

b. **To the extent possible, in no event will the Licensor be liable to You on any legal theory (including, without limitation, negligence) or otherwise for any direct, special, indirect, incidental, consequential, punitive, exemplary, or other losses, costs, expenses, or damages arising out of this Public License or use of the Licensed Material, even if the Licensor has been advised of the possibility of such losses, costs, expenses, or damages. Where a limitation of liability is not allowed in full or in part, this limitation may not apply to You.**

c. The disclaimer of warranties and limitation of liability provided above shall be interpreted in a manner that, to the extent possible, most closely approximates an absolute disclaimer and waiver of all liability.

Section 6 – Term and Termination.

a. This Public License applies for the term of the Copyright and Similar Rights licensed here. However, if You fail to comply with this Public License, then Your rights under this Public License terminate automatically.

b. Where Your right to use the Licensed Material has terminated under Section 6(a), it reinstates:

   1. automatically as of the date the violation is cured, provided it is cured within 30 days of Your discovery of the violation; or
   2. upon express reinstatement by the Licensor.

   For the avoidance of doubt, this Section 6(b) does not affect any right the Licensor may have to seek remedies for Your violations of this Public License.

c. For the avoidance of doubt, the Licensor may also offer the Licensed Material under separate terms or conditions or stop distributing the Licensed Material at any time; however, doing so will not terminate this Public License.

d. Sections 1, 5, 6, 7, and 8 survive termination of this Public License.

Section 7 – Other Terms and Conditions.

a. The Licensor shall not be bound by any additional or different terms or conditions communicated by You unless expressly agreed.

b. Any arrangements, understandings, or agreements regarding the Licensed Material not stated herein are separate from and independent of the terms and conditions of this Public License.

Section 8 – Interpretation.

a. For the avoidance of doubt, this Public License does not, and shall not be interpreted to, reduce, limit, restrict, or impose conditions on any use of the Licensed Material that could lawfully be made without permission under this Public License.

b. To the extent possible, if any provision of this Public License is deemed unenforceable, it shall be automatically reformed to the minimum extent necessary to make it enforceable. If the provision cannot be reformed, it shall be severed from this Public License without affecting the enforceability of the remaining terms and conditions.

c. No term or condition of this Public License will be waived and no failure to comply consented to unless expressly agreed to by the Licensor.

d. Nothing in this Public License constitutes or may be interpreted as a limitation upon, or waiver of, any privileges and immunities that apply to the Licensor or You, including from the legal processes of any jurisdiction or authority.

CC 0 1.0 通用协议[❶]

CC0 1.0 Universal

CREATIVE COMMONS CORPORATION IS NOT A LAW FIRM AND DOES NOT PROVIDE LEGAL SERVICES. DISTRIBUTION OF THIS DOCUMENT DOES NOT CREATE AN ATTORNEY-CLIENT RELATIONSHIP. CREATIVE COMMONS PROVIDES THIS INFORMATION ON AN "AS-IS" BASIS. CREATIVE COMMONS MAKES NO WARRANTIES REGARDING THE USE OF THIS DOCUMENT OR THE INFORMATION OR WORKS PROVIDED HEREUNDER, AND DISCLAIMS LIABILITY FOR DAMAGES RESULTING FROM THE USE OF THIS DOCUMENT OR THE INFORMATION OR WORKS PROVIDED HEREUNDER.

Statement of Purpose

The laws of most jurisdictions throughout the world automatically confer exclusive Copyright and Related Rights (defined below) upon the creator and subsequent owner(s) (each and all, an "owner") of an original work of authorship and/or a database (each, a "Work").

Certain owners wish to permanently relinquish those rights to a Work for the purpose of contributing to a commons of creative, cultural and scientific works ("Commons") that the public can reliably and without fear of later claims of infringement build upon, modify, incorporate in other works, reuse and redistribute as freely as possible in any form whatsoever and for any purposes, including without limitation commercial purposes. These owners may contribute to the Commons to promote the ideal of a free culture and the further production of creative, cultural and scientific works, or to gain reputation or greater distribution for their Work in part through the use and efforts of others.

For these and/or other purposes and motivations, and without any expectation of additional consideration or compensation, the person associating CC0 with a Work (the "Affirmer"), to the extent that he or she is an owner of Copyright and Related Rights in the Work, voluntarily elects to apply CC0 to the Work and publicly distribute the Work under its terms, with knowledge of his or her Copyright and

---

❶ 转载自知识共享组织官方网站（https://creativecommons.org/publicdomain/zero/1.0/legalcode.en），原文适用《CC BY-4.0 协议》（https://creativecommons.org/licenses/by/4.0/).

Related Rights in the Work and the meaning and intended legal effect of CC0 on those rights.

1. Copyright and Related Rights.

A Work made available under CC0 may be protected by copyright and related or neighboring rights ("Copyright and Related Rights"). Copyright and Related Rights include, but are not limited to, the following:

    i.   the right to reproduce, adapt, distribute, perform, display, communicate, and translate a Work;

    ii.   moral rights retained by the original author(s) and/or performer(s);

    iii. publicity and privacy rights pertaining to a person's image or likeness depicted in a Work;

    iv. rights protecting against unfair competition in regards to a Work, subject to the limitations in paragraph 4(a), below;

    v.   rights protecting the extraction, dissemination, use and reuse of data in a Work;

    vi. database rights (such as those arising under Directive 96/9/EC of the European Parliament and of the Council of 11 March 1996 on the legal protection of databases, and under any national implementation thereof, including any amended or successor version of such directive); and

    vii. other similar, equivalent or corresponding rights throughout the world based on applicable law or treaty, and any national implementations thereof.

2. Waiver.

To the greatest extent permitted by, but not in contravention of, applicable law, Affirmer hereby overtly, fully, permanently, irrevocably and unconditionally waives, abandons, and surrenders all of Affirmer's Copyright and Related Rights and associated claims and causes of action, whether now known or unknown (including existing as well as future claims and causes of action), in the Work (i) in all territories worldwide, (ii) for the maximum duration provided by applicable law or treaty (including future time extensions), (iii) in any current or future medium and for any number of copies, and (iv) for any purpose whatsoever, including without limitation commercial, advertising or promotional purposes (the "Waiver"). Affirmer makes the Waiver for the benefit of each member of the public at large and to the detriment of Affirmer's heirs and successors, fully intending that such Waiver shall not be subject to revocation, rescission, cancellation, termination, or any other legal or equitable action to disrupt the quiet enjoyment of the Work by the public as contemplated by Affirmer's express Statement of Purpose.

3. Public License Fallback.

Should any part of the Waiver for any reason be judged legally invalid or ineffective under applicable law, then the Waiver shall be preserved to the maximum extent permitted taking into account Affirmer's express Statement of Purpose. In addition, to the extent the Waiver is so judged Affirmer hereby grants to each affected person a royalty-free, non transferable, non sublicensable, non exclusive, irrevocable and unconditional license to exercise Affirmer's Copyright and Related Rights in the Work (i) in all territories worldwide, (ii) for the maximum duration provided by applicable law or treaty (including future time extensions), (iii) in any current or future medium and for any number of copies, and (iv) for any purpose whatsoever, including without limitation commercial, advertising or promotional purposes (the "License"). The License shall be deemed effective as of the date CC0 was applied by Affirmer to the Work. Should any part of the License for any reason be judged legally invalid or ineffective under applicable law, such partial invalidity or ineffectiveness shall not invalidate the remainder of the License, and in such case Affirmer hereby affirms that he or she will not (i) exercise any of his or her remaining Copyright and Related Rights in the Work or (ii) assert any associated claims and causes of action with respect to the Work, in either case contrary to Affirmer's express Statement of Purpose.

4. Limitations and Disclaimers.

    a. No trademark or patent rights held by Affirmer are waived, abandoned, surrendered, licensed or otherwise affected by this document.

    b. Affirmer offers the Work as-is and makes no representations or warranties of any kind concerning the Work, express, implied, statutory or otherwise, including without limitation warranties of title, merchantability, fitness for a particular purpose, non infringement, or the absence of latent or other defects, accuracy, or the present or absence of errors, whether or not discoverable, all to the greatest extent permissible under applicable law.

    c. Affirmer disclaims responsibility for clearing rights of other persons that may apply to the Work or any use thereof, including without limitation any person's Copyright and Related Rights in the Work. Further, Affirmer disclaims responsibility for obtaining any necessary consents, permissions or other rights required for any use of the Work.

d. Affirmer understands and acknowledges that Creative Commons is not a party to this document and has no duty or obligation with respect to this CC0 or use of the Work.

三、CC 3.0 协议中国大陆法律文本

CC 协议署名 3.0（CC BY 3.0）中国大陆法律文本❶

"本作品"（定义如下）的提供是以适用"知识共享公共许可协议"（CCPL，或简称"许可"）为前提的。"本作品"受《中华人民共和国著作权法》以及其他可适用法律的保护。对"本作品"的使用不得超越本许可协议授权的范围。

如您行使本许可授予的使用"本作品"的权利，就表明您接受并同意遵守本许可协议的所有条款。鉴于本许可为合同，在您接受这些条款和规定的前提下，许可人授予您本许可所包括的权利。

第一条　定义

1. **本作品**：指根据本许可协议提供的以任何方式和形式（包括以数字形式）表达之文学、艺术和科学领域的作品，例如：书籍、手册等文字作品；讲课、演讲、讲道及其他同类性质的作品；戏剧或音乐戏剧作品；曲艺作品；舞蹈作品及哑剧作品；配词或不配词的音乐作品；电影作品和以类似摄制电影的方法创作的作品；素描、绘画、书法、建筑、雕塑、雕刻或版画等作品；摄影作品以及以类似摄影的方法创作的作品；杂技艺术作品；实用艺术作品；与地理、地形、建筑或科学有关的插图、地图、设计图、草图及立体的造型作品；以及法律、行政法规规定的其他文学艺术作品。为本许可协议之目的，本协议有关"本作品"的规定适用于表演、录音制品及广播电视节目。

2. **原始作者**：就文学或艺术作品而言，指创作本作品的自然人或依法视为本作品作者的法人或其他组织。为本许可之目的，下述情形下的自然人、法人或其他组织适用本许可有关"原始作者"的规定：（1）就表演而言，指演员、歌唱家、音乐家、舞蹈家和其他表演、演唱、演说、朗诵、演奏、表现或者以其他方式表演文学、艺术作品或民间文学艺术的人员；（2）就录音制品而言，指首次将表演的声音或其他声音录制下来的自然人、法人或其他组织；（3）就广播电视节目而言，指传播广播电视节目的组织；（4）作者身份不明的，指行使作品著作权（除署名权外）的作品原件所有人（比如出版社）。

---

❶ 转载自知识共享组织官方网站（https://creativecommons.org/licenses/by-nc sa/3.0/cn/legalcode），原文适用《CC BY-4.0 协议》（https://creativecommons.org/licenses/by/4.0/）。

3. **演绎作品**：指基于本作品，或基于本作品与其他已存在的作品而创作的作品，例如翻译、改编、编曲或对文学、艺术和科学作品的其他变更，包括以摄制电影的方法对作品的改编，或其他任何对本作品进行改造、转换、或改编后的形式，包含任何可确认为源自原始作品的修改形式。在本许可定义之下构成汇编作品的作品不视为演绎作品。为避免疑义，并为本许可之目的，当演绎对象为音乐作品时，将其依时间序列关系与动态影像配合一致而形成的结果，视为演绎作品。

4. **汇编作品**：指由于对内容的选择和编排具有独创性而构成智力创作的文学、艺术或科学作品的集合，其中本作品以完整且未经修改的形式和另外一部或多部作品组成集合的整体，而各组成作品本身是分开且独立的，例如百科全书、文选、数据汇编作品，以及本条第1项所列作品之外的作品或者标的。在本许可定义之下构成汇编作品的作品不视为演绎作品（定义如上）。

5. **许可人**：指根据本许可提供本作品的自然人、法人或者其他组织。

6. **您**：指以前就本作品没有违反过本许可协议、或曾违反过协议但已获得许可人明示同意、依据本许可行使权利的自然人、法人或者其他组织。

7. **发行**：指以出售或者其他权利移转方式向公众提供本作品或者演绎作品的原件或者复制件。

8. **公开传播**：指公开朗诵本作品以及以任何方式或程序，包括以有线、无线的方式或通过信息网络公开传播本作品的公开朗诵；或向公众提供本作品，使公众可以在自己选定的地点获得本作品；或以任何方式或程序公开表演本作品或向公众传播本作品的表演，包括通过信息网络传播本作品的表演；或以任何方式，包括符号、声音或图像，广播或转播本作品。上述定义包括相关法律规定的"展览""表演""放映""广播"或通过信息网络向公众传播作品等传播方式。

9. **复制**：指以印刷、复印、拓印、录音、录像、翻录、翻拍等方式制作本作品的复制件。

10. **人身权**：指相关法律赋予作者对本作品所享有的发表权、署名权、修改权以及保护作品完整权。

第二条　合理使用

本许可无意削减、限制或约束您基于《中华人民共和国著作权法》或其他相关法律有关著作权保护的限制或例外的规定对本作品的合理使用。

第三条　授权

根据本许可的条款和条件，许可人在此授予您全球性、免版税、非独占并且在本作品的著作权存续期间内均有效的许可，就本作品行使以下权利：

1. 复制本作品或将本作品收入一个或多个汇编作品中，以及复制汇编作品中收录的本作品；

2. 创作和复制演绎作品，但是任何演绎作品，包括任何形式的翻译作品，均需以合理方式清楚地标示、区分或以其他方法表明原始作品已经被修改或变更。例如，翻译作品可以标明"原作品已由英文翻译为西班牙文"，改编作品可以标明"原作品已作修改"；

3. 发行、公开传播本作品（包括汇编作品中收录的本作品）；

4. 发行、公开传播演绎作品。

5. 为避免疑义，针对不同司法管辖区的著作权许可体系作出如下约定：

    i. **权利不能放弃的强制许可体系。**

    在那些许可人不能放弃通过任何法定的或强制的许可方案收取许可使用费的权利的司法管辖区，许可人保留因您行使本许可协议授予的权利而向您收取许可使用费的专有权；

    ii. **权利可以放弃的强制许可体系。**

    在那些许可人可以放弃通过任何法定的或强制的许可方案收取许可使用费的权利的司法管辖区，许可人放弃因您行使本许可协议授予的权利而向您收取许可使用费的专有权；

    iii. **自愿许可体系。**

    在实行著作权自愿许可的司法管辖区，许可人放弃因您行使本许可协议授予的权利而向您收取许可使用费的权利，无论是自行收取，还是通过许可人参加的著作权集体管理组织收取。

以上权利可在任何现有的或者以后出现的并为可适用的法律认可的媒体和形式上行使。上述权利包括为在其他媒体和形式上行使权利而必须进行技术性修改的权利。许可人在此保留所有未明示授予的权利。

第四条　限制

第三条的授权须受以下规定的限制：

1. 您在发行或公开传播本作品时，必须遵守本许可协议。在您发行或公开传播的本作品的每一份复制件中，您必须附上一份本许可协议的复制件或本许可协议的网址（Uniform Resource Identifier）。您不得就本作品提出或增加任何条款，从而限制本许可协议或者限制获得本作品的第三方行使本许可协议所赋予的权利。您不得对本作品进行再许可。您必须在您发行或公开传播的每份作品复制件中完整保留所有与本许可协议及免责条款相关的声明。在发行或公开传播本作品时，您不得对本作品施加任何技术措施，从而限制从您处获得本作品的第三方行使本许可协议授予的权利。本项（第四条第 1 项）规定同样适用于收录在汇编作品中的本作品，但并不要求汇编作品中除本作品外的其他作品受本许可协议的约束。在创作汇编作品时，若接到任一许可人的通知，您必须按照其要求，在可行范围内删除汇编作品中根据本协议第四条第 2 项的要求所作的有关原始作者的身份及其他有关原始作品相关信息的标注。在创作演绎作品时，若接到任一许可人的通知，您必须根据其要求，在可行范围内删除演绎作品中根据第四条第 2 项的要求所作的有关原始作者的身份及其他有关原始作品的相关信息的标注。

2. 在发行或公开传播本作品、任何演绎作品或汇编作品时，除非有依据第四条第 1 项之要求，否则您必须完整保留所有关于本作品的著作权声明，并以适于所使用的媒介或方法的形式提供下述信息：（1）在原始作者的姓名（或笔名）已被提供的情况下，给出该姓名或笔名，或者在原始作者或许可人以许可人的著作权声明或其他合理的方式，指定可以在作品上署名的他方当事人姓名的情况下，指明该他方当事人的名称（"署名人"）；（2）在本作品标题已被提供的情况下，给出本作品的标题；（3）在合理可行的范围内，标明许可人指定需与本作品同时出现的网址，除非该网址没有涉及到本作品的著作权声明或者关于本作品的许可信息；（4）若为演绎作品，则依第三条第 2 项之要求，必须注明演绎作品中使用的本作品的作者姓名和作品名称（例如，"某作者作品的法语译本"，或"基于某作者作品的电影剧本"）。本项（第四条第 2 项）要求的对作者姓名和作品名称的指明可采取任何合理方式，但在演绎作品或汇编作品中，如果已经指明了演绎作品的所有作者或汇编作品中所有内含作品的作者，那么对本作品名称和作者姓名的指明须同时出现在任何其他作者姓名出现的地方，并至少与对其他作者的指明一样显著。为避免疑义，本条有关标示作者姓名和作品名称之规定，仅适用于前述署名的用途；除非您事先另行取得原始作者、许可人或署名人的书面同意，否则您不得以明示或者默示的方式主张或暗示，您本人或您对作品的使用与原始作者、许可人或署名人有关联或者已获得上述人士的赞助或者支持。

3. 除非其他法律法规另有规定，您在复制、发行或者公开表演本作品，或者复制、发行或者公开表演作为任何演绎作品或汇编作品一部分的本作品时，不得歪曲、损害或者以其他方式损害本作品，导致原始作者的名誉或者荣誉受损。

第五条　声明、保证和免责

除非本许可的当事人相互以书面的方式做出相反约定，且在相关法律所允许的最大范围内，否则许可人按其现状提供本作品，对本作品不作任何明示或者默示、依照法律或者其他规定的陈述或担保，包括但是不限于任何有关可否商业性使用、是否符合特定的目的、不具有潜在的或者其他缺陷、准确性或者不存在不论能否被发现的错误的担保。有些司法管辖区不允许排除前述默示保证，因此这些排除性规定并不一定适用于您。

第六条　责任限制

除非属于相关法律所要求的范围，许可人在任何情况下都不对您因本许可或因使用本作品而产生的任何直接损失、间接损失或惩罚性赔偿负责，即使许可人已被告知发生此类损害的可能性。

第七条　许可终止

1. 在您违反本许可协议任何条款时，本许可及其所授予的权利将自动终止。然而，根据本许可从您处获取演绎作品或汇编作品的自然人、法人或者其他组织，如果他们仍完全遵守相关条款，则对他们的许可不会随之终止。即使本许可被终止，第一条、第二条、第五条、第六条、第七条以及第八条仍然有效。

2. 在上述条款及条件的前提下，此处授予的许可在法定著作权保护期限内有效。即便如此，许可人保留依其他许可条款发行本作品及在任何时候停止发行本作品的权利；但是，许可人的上述权利不能被用于撤销本许可或任何其他在本许可条款下授予的或必须授予的许可，除本条第 1 项指明的终止外，本许可将保持其完全效力。

第八条　其他事项

1. 当您发行、公开传播本作品或其汇编作品时，许可人给获得作品的第三方提供本作品的许可，其条款和条件与您所获得的许可相同。

2. 当您发行或公开传播演绎作品时，许可人给获得作品的第三方提供本作品的许可，其条款和条件与您所获得的许可相同。

3. 如因相关法律，本许可的某一条款无效或不能履行，本许可其余条款的有效性和可履行性不受影响。如本许可的当事人未采取进一步措施，此类无效条款应在必要范围内进行最低限度的修改以使其有效和可履行。

4. 除非当事人书面同意并签字放弃某条款和允许某违约行为，本许可的任何条款或规定都不应被视为已被放弃，或被视为允许此违约行为。

5. 本许可构成相关当事人与本授权作品相关的全部协议。除已在此处确认的之外，并不存在任何与本作品相关的谅解备忘录、协议或声明。许可人不受您提出的任何附加规定的约束。未经许可人和您双方书面同意，本许可不得更改。

CC 协议署名–相同方式共享 3.0（CC BY–SA 3.0）中国大陆法律文本❶

本作品（定义如下）的提供是以适用"知识共享公共许可协议"（CCPL，或简称"许可"）为前提的。本作品受《中华人民共和国著作权法》以及其他可适用法律的保护。对本作品的使用不得超越本许可协议授权的范围。

如您行使本许可授予的使用本作品的权利，就表明您接受并同意遵守本许可协议的所有条款。鉴于本许可为合同，在您接受这些条款和规定的前提下，许可人授予您本许可所包括的权利。

第一条 定义

1. **本作品**：指根据本许可协议提供的以任何方式和形式（包括以数字形式）表达之文学、艺术和科学领域的作品，例如：书籍、手册等文字作品；讲课、演讲、讲道及其他同类性质的作品；戏剧或音乐戏剧作品；曲艺作品；舞蹈作品及哑剧作品；配词或不配词的音乐作品；电影作品和以类似摄制电影的方法创作的作品；素描、绘画、书法、建筑、雕塑、雕刻或版画等作品；摄影作品以及以类似摄影的方法创作的作品；杂技艺术作品；实用艺术作品；与地理、地形、建筑或科学有关的插图、地图、设计图、草图及立体的造型作品；以及法律、行政法规规定的其他文学艺术作品。为本许可协议之目的，本协议有关"本作品"的规定适用于表演、录音制品及广播电视节目。

2. **原始作者**：就文学或艺术作品而言，指创作本作品的自然人或依法视为本作品作者的法人或其他组织。为本许可之目的，下述情形下的自然人、法人或其他组织适用本许可有关"原始作者"的规定：（1）就表演而言，指演员、歌唱家、音乐家、舞蹈家和其他表演、演唱、演说、朗诵、演奏、表现或者以其他方式表演文学、艺术作品或民间文学艺术的人员；（2）就录音制品而言，指首次将表演的声音或其他声音录制下来的自然人、法人或其他组织；（3）就广播电视节目而言，指传播广播电视节目的组织；（4）作者身份不明的，指行使作品著作权（除署名权外）的作品原件所有人（比如出版社）。

3. **演绎作品**：指基于本作品，或基于本作品与其他已存在的作品而创作的作品，例如翻译、改编、编曲或对文学、艺术和科学作品的其他变更，包括以摄制电影的方法对作品的改编，或其他任何对本作品进行改造、转换、

---

❶ 转载自知识共享组织官方网站（https://creativecommons.org/licenses/by-nc-sa/3.0/cn/legalcode），原文适用《CC BY-4.0 协议》（https://creativecommons.org/licenses/by/4.0/）。

或改编后的形式，包含任何可确认为源自原始作品的修改形式。在本许可定义之下构成汇编作品的作品不视为演绎作品。为避免疑义，并为本许可之目的，当演绎对象为音乐作品时，将其依时间序列关系与动态影像配合一致而形成的结果，视为演绎作品。

4. **汇编作品**：指由于对内容的选择和编排具有独创性而构成智力创作的文学、艺术或科学作品的集合，其中本作品以完整且未经修改的形式和另外一部或多部作品组成集合的整体，而各组成作品本身是分开且独立的，例如百科全书、文选、数据汇编作品，以及本条第 1 项所列作品之外的作品或者标的。在本许可定义之下构成汇编作品的作品不视为演绎作品（定义如上）。

5. **许可人**：指根据本许可提供本作品的自然人、法人或者其他组织。

6. **您**：指以前就本作品没有违反过本许可协议、或曾违反过协议但已获得许可人明示同意、依据本许可行使权利的自然人、法人或者其他组织。

7. **授权要素**：是指许可人所选择的、并标示在本许可文本标题中的下列基本属性：署名、相同方式共享。

8. **知识共享兼容许可协议**：指在 https://creativecommons.org/compatiblelicenses 列出的、经知识共享组织确认与本协议实质上相当的协议，这种兼容性至少源于以下两种原因：（1）该协议包含与本协议中授权要素具有相同目的、含义和效果的条款；（2）明确规定基于该兼容许可协议授权之作品创作的演绎作品，可以采用本协议或其他具有与本协议相同授权要素的其他司法管辖区的知识共享许可协议再次授权。

9. **发行**：指以出售或者其他权利移转方式向公众提供本作品或者演绎作品的原件或者复制件。

10. **公开传播**：指公开朗诵本作品以及以任何方式或程序，包括以有线、无线的方式或通过信息网络公开传播本作品的公开朗诵；或向公众提供本作品，使公众可以在自己选定的地点获得本作品；或以任何方式或程序公开表演本作品或向公众传播本作品的表演，包括通过信息网络传播本作品的表演；或以任何方式，包括符号、声音或图像，广播或转播本作品。上述定义包括相关法律规定的"展览""表演""放映""广播"或通过信息网络向公众传播作品等传播方式。

11. **复制**：指以印刷、复印、拓印、录音、录像、翻录、翻拍等方式制作本作品的复制件。

12. **人身权**：指相关法律赋予作者对本作品所享有的发表权、署名权、修改权以及保护作品完整权。

157

第二条 合理使用

本许可无意削减、限制或约束您基于《中华人民共和国著作权法》或其他相关法律有关著作权保护的限制或例外的规定对本作品的合理使用。

第三条 授权

根据本许可的条款和条件，许可人在此授予您全球性、免版税、非独占并且在本作品的著作权存续期间内均有效的许可，就本作品行使以下权利：

1. 复制本作品或将本作品收入一个或多个汇编作品中，以及复制汇编作品中收录的本作品；

2. 创作和复制演绎作品，但是任何演绎作品，包括任何形式的翻译作品，均需以合理方式清楚地标示、区分或以其他方法表明原始作品已经被修改或变更。例如，翻译作品可以标明"原作品已由英文翻译为西班牙文"，改编作品可以标明"原作品已作修改"；

3. 发行、公开传播本作品（包括汇编作品中收录的本作品）；

4. 发行、公开传播演绎作品。

5. 为避免疑义，针对不同司法管辖区的著作权许可体系作出如下约定：

   i. **权利不能放弃的强制许可体系。**

   在那些许可人不能放弃通过任何法定的或强制的许可方案收取许可使用费的权利的司法管辖区，许可人保留因您行使本许可协议授予的权利而向您收取许可使用费的专有权；

   ii. **权利可以放弃的强制许可体系。**

   在那些许可人可以放弃通过任何法定的或强制的许可方案收取许可使用费的权利的司法管辖区，许可人放弃因您行使本许可协议授予的权利而向您收取许可使用费的专有权；

   iii. **自愿许可体系。**

   在实行著作权自愿许可的司法管辖区，许可人放弃因您行使本许可协议授予的权利而向您收取许可使用费的权利，无论是自行收取，还是通过许可人参加的著作权集体管理组织收取。

以上权利可在任何现有的或者以后出现的并为可适用的法律认可的媒体和形式上行使。上述权利包括为在其他媒体和形式上行使权利而必须进行技术性修改的权利。许可人在此保留所有未明示授予的权利。

第四条 限制

第三条的授权须受以下规定的限制：

1. 您在发行或公开传播本作品时，必须遵守本许可协议。在您发行或公开传播的本作品的每一份复制件中，您必须附上一份本许可协议的复制件或本许可协议的网址（Uniform Resource Identifier）。您不得就本作品提出或增加任何条款，从而限制本许可协议或者限制获得本作品的第三方行使本许可协议所赋予的权利。您不得对本作品进行再许可。您必须在您发行或公开传播的每份作品复制件中完整保留所有与本许可协议及免责条款相关的声明。在发行或公开传播本作品时，您不得对本作品施加任何技术措施，从而限制从您处获得本作品的第三方行使本许可协议授予的权利。本项（第四条第 1 项）规定同样适用于收录在汇编作品中的本作品，但并不要求汇编作品中除本作品外的其他作品受本许可协议的约束。在创作汇编作品时，若接到任一许可人的通知，您必须按照其要求，在可行范围内删除汇编作品中根据本协议第四条第 3 项的要求所作的有关原始作者的身份及其他有关原始作品相关信息的标注。在创作演绎作品时，若接到任一许可人的通知，您必须根据其要求，在可行范围内删除演绎作品中根据第四条第 3 项的要求所作的有关原始作者的身份及其他有关原始作品的相关信息的标注。

2. 您必须以下述许可条款发行或公开传播演绎作品：（1）本许可协议；（2）与本许可协议具有相同授权要素的后续版本；（3）与本许可协议具有相同授权要素的其他司法管辖区的知识共享许可协议或其后续版本（例如：署名-相同方式共享 3.0 美国）（以上三类协议统称为"可适用的协议"）；或者（4）知识共享兼容许可协议。如果您使用知识共享兼容许可协议发布您的演绎作品，您必须遵守该协议的规定。如果您采用"可适用的协议"发布您的演绎作品，在您发行或公开传播的每件演绎作品的复制件中，您必须附上一份"可适用的协议"的复制件或网址。您不得就演绎作品提出或增加任何条款，从而限制"可适用的协议"的规定，或者限制获得演绎作品的第三方行使"可适用的协议"所赋予的权利。在发行或公开传播包含本作品的演绎作品时，您必须在本作品的每一份复制件中完整地保留所有与"可适用的协议"及免责条款相关的声明。在发行或公开传播演绎作品时，您不得对演绎作品施加任何技术措施，从而限制从您处获得演绎作品的第三方行使"可适用的协议"所赋予的权利。本项（第四条第 2 项）规定同样适用于收录在汇编作品中的演绎作品，但并不要求汇编作品中除基于本作品而创作的演绎作品之外的其他作品受"可适用的协议"的约束。

3. 在发行或公开传播本作品、任何演绎作品或汇编作品时，除非有依据第四条第 1 项之要求，否则您必须完整保留所有关于本作品的著作权声明，并以适于所使用的媒介或方法的形式提供下述信息：（1）在原始作者的姓名（或笔名）已被提供的情况下，给出该姓名或笔名，或者在原始作者或许可人以许可人的著作权声明或其他合理的方式，指定可以在作品上署名的他方当事人姓名的情况下，指明该他方当事人的名称（"署名人"）；（2）在本作品标题已被提供的情况下，给出本作品的标题；（3）在合理可行的范围内，标明许可人指定需与本作品同时出现的网址，除非该网址没有涉及到本作品的著作权声明或者关于本作品的许可信息；（4）若为演绎作品，则依第三条第 2 项之要求，必须注明演绎作品中使用的本作品的作者姓名和作品名称（例如，"某作者作品的法语译本"，或"基于某作者作品的电影剧本"）。本项（第四条第 3 项）要求的对作者姓名和作品名称的指明可采取任何合理方式，但在演绎作品或汇编作品中，如果已经指明了演绎作品的所有作者或汇编作品中所有内含作品的作者，那么对本作品名称和作者姓名的指明须同时出现在任何其他作者姓名出现的地方，并至少与对其他作者的指明一样显著。为避免疑义，本条有关标示作者姓名和作品名称之规定，仅适用于前述署名的用途；除非您事先另行取得原始作者、许可人或署名人的书面同意，否则您不得以明示或者默示的方式主张或暗示，您本人或您对作品的使用与原始作者、许可人或署名人有关联或者已获得上述人士的赞助或者支持。

4. 除非其他法律法规另有规定，您在复制、发行或者公开表演本作品，或者复制、发行或者公开表演作为任何演绎作品或汇编作品一部分的本作品时，不得歪曲、损害或者以其他方式损害本作品，导致原始作者的名誉或者荣誉受损。

第五条 声明、保证和免责

除非本许可的当事人相互以书面的方式做出相反约定，且在相关法律所允许的最大范围内，否则许可人按其现状提供本作品，对本作品不作任何明示或者默示、依照法律或者其他规定的陈述或担保，包括但是不限于任何有关可否商业性使用、是否符合特定的目的、不具有潜在的或者其他缺陷、准确性或者不存在不论能否被发现的错误的担保。有些司法管辖区不允许排除前述默示保证，因此这些排除性规定并不一定适用于您。

第六条 责任限制

除非属于相关法律所要求的范围，许可人在任何情况下都不对您因本许可或因使用本作品而产生的任何直接损失、间接损失或惩罚性赔偿负责，即使许可人已被告知发生此类损害的可能性。

第七条 许可终止

1. 在您违反本许可协议任何条款时，本许可及其所授予的权利将自动终止。然而，根据本许可从您处获取演绎作品或汇编作品的自然人、法人或者其他组织，如果他们仍完全遵守相关条款，则对他们的许可不会随之终止。即使本许可被终止，第一条、第二条、第五条、第六条、第七条以及第八条仍然有效。

2. 在上述条款及条件的前提下，此处授予的许可在法定著作权保护期限内有效。即便如此，许可人保留依其他许可条款发行本作品及在任何时候停止发行本作品的权利；但是，许可人的上述权利不能被用于撤销本许可或任何其他在本许可条款下授予的或必须授予的许可，除本条第 1 项指明的终止外，本许可将保持其完全效力。

第八条 其他事项

1. 当您发行、公开传播本作品或其汇编作品时，许可人给获得作品的第三方提供本作品的许可，其条款和条件与您所获得的许可相同。

2. 当您发行或公开传播演绎作品时，许可人给获得作品的第三方提供本作品的许可，其条款和条件与您所获得的许可相同。

3. 如因相关法律，本许可的某一条款无效或不能履行，本许可其余条款的有效性和可履行性不受影响。如本许可的当事人未采取进一步措施，此类无效条款应在必要范围内进行最低限度的修改以使其有效和可履行。

4. 除非当事人书面同意并签字放弃某条款和允许某违约行为，本许可的任何条款或规定都不应被视为已被放弃，或被视为允许此违约行为。

5. 本许可构成相关当事人与本授权作品相关的全部协议。除已在此处确认的之外，并不存在任何与本作品相关的谅解备忘录、协议或声明。许可人不受您提出的任何附加规定的约束。未经许可人和您双方书面同意，本许可不得更改。

CC 协议署名-非商业性使用 3.0（CC BY-NC 3.0）中国大陆法律文本❶

"本作品"（定义如下）的提供是以适用"知识共享公共许可协议"（CCPL，或简称"许可"）为前提的。"本作品"受《中华人民共和国著作权法》以及其他可适用法律的保护。对"本作品"的使用不得超越本许可协议授权的范围。

如您行使本许可授予的使用"本作品"的权利，就表明您接受并同意遵守本许可协议的所有条款。鉴于本许可为合同，在您接受这些条款和规定的前提下，许可人授予您本许可所包括的权利。

第一条　定义

1. **本作品**：指根据本许可协议提供的以任何方式和形式（包括以数字形式）表达之文学、艺术和科学领域的作品，例如：书籍、手册等文字作品；讲课、演讲、讲道及其他同类性质的作品；戏剧或音乐戏剧作品；曲艺作品；舞蹈作品及哑剧作品；配词或不配词的音乐作品；电影作品和以类似摄制电影的方法创作的作品；素描、绘画、书法、建筑、雕塑、雕刻或版画等作品；摄影作品以及以类似摄影的方法创作的作品；杂技艺术作品；实用艺术作品；与地理、地形、建筑或科学有关的插图、地图、设计图、草图及立体的造型作品；以及法律、行政法规规定的其他文学艺术作品。为本许可协议之目的，本协议有关"本作品"的规定适用于表演、录音制品及广播电视节目。

2. **原始作者**：就文学或艺术作品而言，指创作本作品的自然人或依法视为本作品作者的法人或其他组织。为本许可之目的，下述情形下的自然人、法人或其他组织适用本许可有关"原始作者"的规定：（1）就表演而言，指演员、歌唱家、音乐家、舞蹈家和其他表演、演唱、演说、朗诵、演奏、表现或者以其他方式表演文学、艺术作品或民间文学艺术的人员；（2）就录音制品而言，指首次将表演的声音或其他声音录制下来的自然人、法人或其他组织；（3）就广播电视节目而言，指传播广播电视节目的组织；（4）作者身份不明的，指行使作品著作权（除署名权外）的作品原件所有人（比如出版社）。

3. **演绎作品**：指基于本作品，或基于本作品与其他已存在的作品而创作的作品，例如翻译、改编、编曲或对文学、艺术和科学作品的其他变更，包括以摄制电影的方法对作品的改编，或其他任何对本作品进行改造、转换、

---

❶ 转载自知识共享组织官方网站（https://creativecommons.org/licenses/by-nc/3.0/cn/legalcode），原文适用《CC BY-4.0 协议》（https://creativecommons.org/licenses/by/4.0/）。

或改编后的形式，包含任何可确认为源自原始作品的修改形式。在本许可定义之下构成汇编作品的作品不视为演绎作品。为避免疑义，并为本许可之目的，当演绎对象为音乐作品时，将其依时间序列关系与动态影像配合一致而形成的结果，视为演绎作品。

4. **汇编作品**：指由于对内容的选择和编排具有独创性而构成智力创作的文学、艺术或科学作品的集合，其中本作品以完整且未经修改的形式和另外一部或多部作品组成集合的整体，而各组成作品本身是分开且独立的，例如百科全书、文选、数据汇编作品，以及本条第 1 项所列作品之外的作品或者标的。在本许可定义之下构成汇编作品的作品不视为演绎作品（定义如上）。

5. **许可人**：指根据本许可提供本作品的自然人、法人或者其他组织。

6. **您**：指以前就本作品没有违反过本许可协议、或曾违反过协议但已获得许可人明示同意、依据本许可行使权利的自然人、法人或者其他组织。

7. **发行**：指以出售或者其他权利移转方式向公众提供本作品或者演绎作品的原件或者复制件。

8. **公开传播**：指公开朗诵本作品以及以任何方式或程序，包括以有线、无线的方式或通过信息网络公开传播本作品的公开朗诵；或向公众提供本作品，使公众可以在自己选定的地点获得本作品；或以任何方式或程序公开表演本作品或向公众传播本作品的表演，包括通过信息网络传播本作品的表演；或以任何方式，包括符号、声音或图像，广播或转播本作品。上述定义包括相关法律规定的"展览""表演""放映""广播"或通过信息网络向公众传播作品等传播方式。

9. **复制**：指以印刷、复印、拓印、录音、录像、翻录、翻拍等方式制作本作品的复制件。

10. **人身权**：指相关法律赋予作者对本作品所享有的发表权、署名权、修改权以及保护作品完整权。

第二条　合理使用

本许可无意削减、限制或约束您基于《中华人民共和国著作权法》或其他相关法律有关著作权保护的限制或例外的规定对本作品的合理使用。

第三条　授权

根据本许可的条款和条件，许可人在此授予您全球性、免版税、非独占并且在本作品的著作权存续期间内均有效的许可，就本作品行使以下权利：

1. 复制本作品或将本作品收入一个或多个汇编作品中，以及复制汇编作品中收录的本作品；

2. 创作和复制演绎作品，但是任何演绎作品，包括任何形式的翻译作品，均需以合理方式清楚地标示、区分或以其他方法表明原始作品已经被修改或变更。例如，翻译作品可以标明"原作品已由英文翻译为西班牙文"，改编作品可以标明"原作品已作修改"；

3. 发行、公开传播本作品（包括汇编作品中收录的本作品）；

4. 发行、公开传播演绎作品。

以上权利可在任何现有的或者以后出现的并为可适用的法律认可的媒体和形式上行使。上述权利包括为在其他媒体和形式上行使权利而必须进行技术性修改的权利。许可人在此保留所有未明示授予的权利，包括但不限于第四条第 4 项所规定的权利。

第四条　限制

第三条的授权须受以下规定的限制：

1. 您在发行或公开传播本作品时，必须遵守本许可协议。在您发行或公开传播的本作品的每一份复制件中，您必须附上一份本许可协议的复制件或本许可协议的网址（Uniform Resource Identifier）。您不得就本作品提出或增加任何条款，从而限制本许可协议或者限制获得本作品的第三方行使本许可协议所赋予的权利。您不得对本作品进行再许可。您必须在您发行或公开传播的每份作品复制件中完整保留所有与本许可协议及免责条款相关的声明。在发行或公开传播本作品时，您不得对本作品施加任何技术措施，从而限制从您处获得本作品的第三方行使本许可协议授予的权利。本项（第四条第 1 项）规定同样适用于收录在汇编作品中的本作品，但并不要求汇编作品中除本作品外的其他作品受本许可协议的约束。在创作汇编作品时，若接到任一许可人的通知，您必须按照其要求，在可行范围内删除汇编作品中根据本协议第四条第 3 项的要求所作的有关原始作者的身份及其他有关原始作品相关信息的标注。在创作演绎作品时，若接到任一许可人的通知，您必须根据其要求，在可行范围内删除演绎作品中根据第四条第 3 项的要求所作的有关原始作者的身份及其他有关原始作品的相关信息的标注。

2. 您不得以任何形式行使本协议第三条授予您的权利去谋取或获得商业利益或私人金钱报酬。若交换过程中未涉及任何商业利益或私人金钱报酬，通过数字文件共享方式或其他方式用本作品去交换其他受著作权保护的作品，将不被视为谋取或获得商业利益或私人金钱报酬。

3. 在发行或公开传播本作品、任何演绎作品或汇编作品时，除非有依据第四条第 1 项之要求，否则您必须完整保留所有关于本作品的著作权声明，并以适于所使用的媒介或方法的形式提供下述信息：（1）在原始作者的姓名（或笔名）已被提供的情况下，给出该姓名或笔名，或者在原始作者或许可人以许可人的著作权声明或其他合理的方式，指定可以在作品上署名的他方当事人姓名的情况下，指明该他方当事人的名称（"署名人"）；（2）在本作品标题已被提供的情况下，给出本作品的标题；（3）在合理可行的范围内，标明许可人指定需与本作品同时出现的网址，除非该网址没有涉及到本作品的著作权声明或者关于本作品的许可信息；（4）若为演绎作品，则依第三条第2项之要求，必须注明演绎作品中使用的本作品的作者姓名和作品名称（例如，"某作者作品的法语译本"，或"基于某作者作品的电影剧本"）。本项（第四条第3项）要求的对作者姓名和作品名称的指明可采取任何合理方式，但在演绎作品或汇编作品中，如果已经指明了演绎作品的所有作者或汇编作品中所有内含作品的作者，那么对本作品名称和作者姓名的指明须同时出现在任何其他作者姓名出现的地方，并至少与对其他作者的指明一样显著。为避免疑义，本条有关标示作者姓名和作品名称之规定，仅适用于前述署名的用途；除非您事先另行取得原始作者、许可人或署名人的书面同意，否则您不得以明示或者默示的方式主张或暗示，您本人或您对作品的使用与原始作者、许可人或署名人有关联或者已获得上述人士的赞助或者支持。

4. 为避免疑义，针对不同司法管辖区的著作权许可体系作出如下约定：

　i. **权利不能放弃的强制许可体系。**

　　在那些许可人不能放弃通过任何法定的或强制的许可方案收取许可使用费的权利的司法管辖区，许可人保留因您行使本许可协议授予的权利而向您收取许可使用费的专有权；

　ii. **权利可以放弃的强制许可体系。**

　　在那些许可人可以放弃通过任何法定的或强制的许可方案收取许可使用费的权利的司法管辖区，许可人放弃因您行使本许可协议授予的权利而向您收取许可使用费的专有权；但若您行使本许可协议授予的权利时未遵守本许可协议第四条第2项有关非商业性使用的规定，则许可人保留向您收取本作品许可使用费的权利；

　iii. **自愿许可体系。**

　　在实行著作权自愿许可的司法管辖区，若您行使本许可协议授予的权利时未遵守本许可协议第四条第2项有关非商业性使用的规定，则许可人保留向您收取本作品许可使用费的权利，许可人可以自行或者通过所参加的著作权集体管理组织向您收取本作品的许可使用费。

165

5. 除非其他法律法规另有规定，您在复制、发行或者公开表演本作品，或者复制、发行或者公开表演作为任何演绎作品或汇编作品一部分的本作品时，不得歪曲、损害或者以其他方式损害本作品，导致原始作者的名誉或者荣誉受损。

第五条　声明、保证和免责

除非本许可的当事人相互以书面的方式做出相反约定，且在相关法律所允许的最大范围内，否则许可人按其现状提供本作品，对本作品不作任何明示或者默示、依照法律或者其他规定的陈述或担保，包括但是不限于任何有关可否商业性使用、是否符合特定的目的、不具有潜在的或者其他缺陷、准确性或者不存在不论能否被发现的错误的担保。有些司法管辖区不允许排除前述默示保证，因此这些排除性规定并不一定适用于您。

第六条　责任限制

除非属于相关法律所要求的范围，许可人在任何情况下都不对您因本许可或因使用本作品而产生的任何直接损失、间接损失或惩罚性赔偿负责，即使许可人已被告知发生此类损害的可能性。

第七条　许可终止

1. 在您违反本许可协议任何条款时，本许可及其所授予的权利将自动终止。然而，根据本许可从您处获取演绎作品或汇编作品的自然人、法人或者其他组织，如果他们仍完全遵守相关条款，则对他们的许可不会随之终止。即使本许可被终止，第一条、第二条、第五条、第六条、第七条以及第八条仍然有效。

2. 在上述条款及条件的前提下，此处授予的许可在法定著作权保护期限内有效。即便如此，许可人保留依其他许可条款发行本作品及在任何时候停止发行本作品的权利；但是，许可人的上述权利不能被用于撤销本许可或任何其他在本许可条款下授予的或必须授予的许可，除本条第1项指明的终止外，本许可将保持其完全效力。

第八条　其他事项

1. 当您发行、公开传播本作品或其汇编作品时，许可人给获得作品的第三方提供本作品的许可，其条款和条件与您所获得的许可相同。

2. 当您发行或公开传播演绎作品时，许可人给获得作品的第三方提供本作品的许可，其条款和条件与您所获得的许可相同。

3. 如因相关法律，本许可的某一条款无效或不能履行，本许可其余条款的有效性和可履行性不受影响。如本许可的当事人未采取进一步措施，此类无效条款应在必要范围内进行最低限度的修改以使其有效和可履行。

4. 除非当事人书面同意并签字放弃某条款和允许某违约行为，本许可的任何条款或规定都不应被视为已被放弃，或被视为允许此违约行为。

5. 本许可构成相关当事人与本授权作品相关的全部协议。除已在此处确认的之外，并不存在任何与本作品相关的谅解备忘录、协议或声明。许可人不受您提出的任何附加规定的约束。未经许可人和您双方书面同意，本许可不得更改。

167

CC 协议署名–非商业性使用–相同方式共享 3.0（CC BY–NC–SA 3.0）中国大陆法律文本❶

本作品（定义如下）的提供是以适用"知识共享公共许可协议"（CCPL，或简称"许可"）为前提的。本作品受《中华人民共和国著作权法》以及其他可适用法律的保护。对本作品的使用不得超越本许可协议授权的范围。

如您行使本许可授予的使用本作品的权利，就表明您接受并同意遵守本许可协议的所有条款。鉴于本许可为合同，在您接受这些条款和规定的前提下，许可人授予您本许可所包括的权利。

第一条 定义

1. **本作品：** 指根据本许可协议提供的以任何方式和形式（包括以数字形式）表达之文学、艺术和科学领域的作品，例如：书籍、手册等文字作品；讲课、演讲、讲道及其他同类性质的作品；戏剧或音乐戏剧作品；曲艺作品；舞蹈作品及哑剧作品；配词或不配词的音乐作品；电影作品和以类似摄制电影的方法创作的作品；素描、绘画、书法、建筑、雕塑、雕刻或版画等作品；摄影作品以及以类似摄影的方法创作的作品；杂技艺术作品；实用艺术作品；与地理、地形、建筑或科学有关的插图、地图、设计图、草图及立体的造型作品；以及法律、行政法规规定的其他文学艺术作品。为本许可协议之目的，本协议有关"本作品"的规定适用于表演、录音制品及广播电视节目。

2. **原始作者：** 就文学或艺术作品而言，指创作本作品的自然人或依法视为本作品作者的法人或其他组织。为本许可之目的，下述情形下的自然人、法人或其他组织适用本许可有关"原始作者"的规定：（1）就表演而言，指演员、歌唱家、音乐家、舞蹈家和其他表演、演唱、演说、朗诵、演奏、表现或者以其他方式表演文学、艺术作品或民间文学艺术的人员；（2）就录音制品而言，指首次将表演的声音或其他声音录制下来的自然人、法人或其他组织；（3）就广播电视节目而言，指传播广播电视节目的组织；（4）作者身份不明的，指行使作品著作权（除署名权外）的作品原件所有人（比如出版社）。

3. **演绎作品：** 指基于本作品，或基于本作品与其他已存在的作品而创作的作品，例如翻译、改编、编曲或对文学、艺术和科学作品的其他变更，包括

---

❶ 转载自知识共享组织官方网站（https://creativecommons.org/licenses/by-nc-sa/3.0/cn/legalcode），原文适用《CC BY-4.0 协议》（https://creativecommons.org/licenses/by/4.0/）。

以摄制电影的方法对作品的改编，或其他任何对本作品进行改造、转换、或改编后的形式，包含任何可确认为源自原始作品的修改形式。在本许可定义之下构成汇编作品的作品不视为演绎作品。为避免疑义，并为本许可之目的，当演绎对象为音乐作品时，将其依时间序列关系与动态影像配合一致而形成的结果，视为演绎作品。

4. **汇编作品**：指由于对内容的选择和编排具有独创性而构成智力创作的文学、艺术或科学作品的集合，其中本作品以完整且未经修改的形式和另外一部或多部作品组成集合的整体，而各组成作品本身是分开且独立的，例如百科全书、文选、数据汇编作品，以及本条第 1 项所列作品之外的作品或者标的。在本许可定义之下构成汇编作品的作品不视为演绎作品（定义如上）。

5. **许可人**：指根据本许可提供本作品的自然人、法人或者其他组织。

6. **您**：指以前就本作品没有违反过本许可协议、或曾违反过协议但已获得许可人明示同意、依据本许可行使权利的自然人、法人或者其他组织。

7. **授权要素**：是指许可人所选择的、并标示在本许可文本标题中的下列基本属性：署名、非商业性使用、相同方式共享。

8. **发行**：指以出售或者其他权利移转方式向公众提供本作品或者演绎作品的原件或者复制件。

9. **公开传播**：指公开朗诵本作品以及以任何方式或程序，包括以有线、无线的方式或通过信息网络公开传播本作品的公开朗诵；或向公众提供本作品，使公众可以在自己选定的地点获得本作品；或以任何方式或程序公开表演本作品或向公众传播本作品的表演，包括通过信息网络传播本作品的表演；或以任何方式，包括符号、声音或图像，广播或转播本作品。上述定义包括相关法律规定的"展览""表演""放映""广播"或通过信息网络向公众传播作品等传播方式。

10. **复制**：指以印刷、复印、拓印、录音、录像、翻录、翻拍等方式制作本作品的复制件。

11. **人身权**：指相关法律赋予作者对本作品所享有的发表权、署名权、修改权以及保护作品完整权。

第二条 合理使用

本许可无意削减、限制或约束您基于《中华人民共和国著作权法》或其他相关法律有关著作权保护的限制或例外的规定对本作品的合理使用。

第三条 授权

根据本许可的条款和条件，许可人在此授予您全球性、免版税、非独占并且在本作品的著作权存续期间内均有效的许可，就本作品行使以下权利：

1. 复制本作品或将本作品收入一个或多个汇编作品中，以及复制汇编作品中收录的本作品；

2. 创作和复制演绎作品，但是任何演绎作品，包括任何形式的翻译作品，均需以合理方式清楚地标示、区分或以其他方法表明原始作品已经被修改或变更。例如，翻译作品可以标明"原作品已由英文翻译为西班牙文"，改编作品可以标明"原作品已作修改"；

3. 发行、公开传播本作品（包括汇编作品中收录的本作品）；

4. 发行、公开传播演绎作品。

以上权利可在任何现有的或者以后出现的并为可适用的法律认可的媒体和形式上行使。上述权利包括为在其他媒体和形式上行使权利而必须进行技术性修改的权利。许可人在此保留所有未明示授予的权利，包括但不限于第四条第 5 项所规定的权利。

第四条　限制

第三条的授权须受以下规定的限制：

1. 您在发行或公开传播本作品时，必须遵守本许可协议。在您发行或公开传播的本作品的每一份复制件中，您必须附上一份本许可协议的复制件或本许可协议的网址（Uniform Resource Identifier）。您不得就本作品提出或增加任何条款，从而限制本许可协议或者限制获得本作品的第三方行使本许可协议所赋予的权利。您不得对本作品进行再许可。您必须在您发行或公开传播的每份作品复制件中完整保留所有与本许可协议及免责条款相关的声明。　在发行或公开传播本作品时，您不得对本作品施加任何技术措施，从而限制从您处获得本作品的第三方行使本许可协议授予的权利。本项（第四条第 1 项）规定同样适用于收录在汇编作品中的本作品，但并不要求汇编作品中除本作品外的其他作品受本许可协议的约束。在创作汇编作品时，若接到任一许可人的通知，您必须按照其要求，在可行范围内删除汇编作品中根据本协议第四条第 4 项的要求所作的有关原始作者的身份及其他有关原始作品相关信息的标注。在创作演绎作品时，若接到任一许可人的通知，您必须根据其要求，在可行范围内删除演绎作品中根据第四条第 4 项的要求所作的有关原始作者的身份及其他有关原始作品的相关信息的标注。

2. 您必须以下述许可条款发行或公开传播演绎作品：（1）本许可协议；（2）与本许可协议具有相同授权要素的后续版本；或者（3）与本许可协议具有相同授权要素的其他司法管辖区的知识共享许可协议或其后续版本（例

如：署名-非商业性使用-相同方式共享 3.0 美国）（以上三类协议统称为"可适用的协议"）。在您发行或公开传播的每件演绎作品的复制件中，您必须附上一份"可适用的协议"的复制件或网址。您不得就演绎作品提出或增加任何条款，从而限制"可适用的协议"的规定，或者限制获得演绎作品的第三方行使"可适用的协议"所赋予的权利。在发行或公开传播包含本作品的演绎作品时，您必须在本作品的每一份复制件中完整地保留所有与"可适用的协议"及免责条款相关的声明。在发行或公开传播演绎作品时，您不得对演绎作品施加任何技术措施，从而限制从您处获得演绎作品的第三方行使"可适用的协议"所赋予的权利。本项（第四条第 2 项）规定同样适用于收录在汇编作品中的演绎作品，但并不要求汇编作品中除基于本作品而创作的演绎作品之外的其他作品受"可适用的协议"的约束。

3. 您不得以任何形式行使本协议第三条授予您的权利去谋取或获得商业利益或私人金钱报酬。若交换过程中未涉及任何商业利益或私人金钱报酬，通过数字文件共享方式或其他方式用本作品去交换其他受著作权保护的作品，将不被视为谋取或获得商业利益或私人金钱报酬。

4. 在发行或公开传播本作品、任何演绎作品或汇编作品时，除非有依据第四条第 1 项之要求，否则您必须完整保留所有关于本作品的著作权声明，并以适于所使用的媒介或方法的形式提供下述信息：（1）在原始作者的姓名（或笔名）已被提供的情况下，给出该姓名或笔名，或者在原始作者或许可人以许可人的著作权声明或其他合理的方式，指定可以在作品上署名的他方当事人姓名的情况下，指明该他方当事人的名称（"署名人"）；（2）在本作品标题已被提供的情况下，给出本作品的标题；（3）在合理可行的范围内，标明许可人指定需与本作品同时出现的网址，除非该网址没有涉及到本作品的著作权声明或者关于本作品的许可信息；（4）若为演绎作品，则依第三条第 2 项之要求，必须注明演绎作品中使用的本作品的作者姓名和作品名称（例如，"某作者作品的法语译本"，或"基于某作者作品的电影剧本"）。本项（第四条第 4 项）要求的对作者姓名和作品名称的指明可采取任何合理方式，但在演绎作品或汇编作品中，如果已经指明了演绎作品的所有作者或汇编作品中所有内含作品的作者，那么对本作品名称和作者姓名的指明须同时出现在任何其他作者姓名出现的地方，并至少与对其他作者的指明一样显著。为避免疑义，本条有关标示作者姓名和作品名称之规定，仅适用于前述署名的用途；除非您事先另行取得原始作者、许可人或署名人的书面同意，否则您不得以明示或者默示的方式主张或暗示，您本人或您对作品的使用与原始作者、许可人或署名人有关联或者已获得上述人士的赞助或者支持。

5. 为避免疑义，针对不同司法管辖区的著作权许可体系作出如下约定：

    i. **权利不能放弃的强制许可体系。**

        在那些许可人不能放弃通过任何法定的或强制的许可方案收取许可使用费的权利的司法管辖区，许可人保留因您行使本许可协议授予的权利而向您收取许可使用费的专有权；

    ii. **权利可以放弃的强制许可体系。**

        在那些许可人可以放弃通过任何法定的或强制的许可方案收取许可使用费的权利的司法管辖区，许可人放弃因您行使本许可协议授予的权利而向您收取许可使用费的专有权；但若您行使本许可协议授予的权利时未遵守本许可协议第四条第 3 项有关非商业性使用的规定，则许可人保留向您收取本作品许可使用费的权利；

    iii. **自愿许可体系。**

        在实行著作权自愿许可的司法管辖区，若您行使本许可协议授予的权利时未遵守本许可协议第四条第 3 项有关非商业性使用的规定，则许可人保留向您收取本作品许可使用费的权利，许可人可以自行或者通过所参加的著作权集体管理组织向您收取本作品的许可使用费。

6. 除非其他法律法规另有规定，您在复制、发行或者公开表演本作品，或者复制、发行或者公开表演作为任何演绎作品或汇编作品一部分的本作品时，不得歪曲、损害或者以其他方式损害本作品，导致原始作者的名誉或者荣誉受损。

第五条　声明、保证和免责

除非本许可的当事人相互以书面的方式做出相反约定，且在相关法律所允许的最大范围内，否则许可人按其现状提供本作品，对本作品不作任何明示或者默示、依照法律或者其他规定的陈述或担保，包括但是不限于任何有关可否商业性使用、是否符合特定的目的、不具有潜在的或者其他缺陷、准确性或者不存在不论能否被发现的错误的担保。有些司法管辖区不允许排除前述默示保证，因此这些排除性规定并不一定适用于您。

第六条　责任限制

除非属于相关法律所要求的范围，许可人在任何情况下都不对您因本许可或因使用本作品而产生的任何直接损失、间接损失或惩罚性赔偿负责，即使许可人已被告知发生此类损害的可能性。

第七条　许可终止

1. 在您违反本许可协议任何条款时，本许可及其所授予的权利将自动终止。

然而，根据本许可从您处获取演绎作品或汇编作品的自然人、法人或者其他组织，如果他们仍完全遵守相关条款，则对他们的许可不会随之终止。即使本许可被终止，第一条、第二条、第五条、第六条、第七条以及第八条仍然有效。

2. 在上述条款及条件的前提下，此处授予的许可在法定著作权保护期限内有效。即便如此，许可人保留依其他许可条款发行本作品及在任何时候停止发行本作品的权利；但是，许可人的上述权利不能被用于撤销本许可或任何其他在本许可条款下授予的或必须授予的许可，除本条第 1 项指明的终止外，本许可将保持其完全效力。

第八条　其他事项

1. 当您发行、公开传播本作品或其汇编作品时，许可人给获得作品的第三方提供本作品的许可，其条款和条件与您所获得的许可相同。

2. 当您发行或公开传播演绎作品时，许可人给获得作品的第三方提供本作品的许可，其条款和条件与您所获得的许可相同。

3. 如因相关法律，本许可的某一条款无效或不能履行，本许可其余条款的有效性和可履行性不受影响。如本许可的当事人未采取进一步措施，此类无效条款应在必要范围内进行最低限度的修改以使其有效和可履行。

4. 除非当事人书面同意并签字放弃某条款和允许某违约行为，本许可的任何条款或规定都不应被视为已被放弃，或被视为允许此违约行为。

5. 本许可构成相关当事人与本授权作品相关的全部协议。除已在此处确认的之外，并不存在任何与本作品相关的谅解备忘录、协议或声明。许可人不受您提出的任何附加规定的约束。未经许可人和您双方书面同意，本许可不得更改。

CC 协议署名–禁止演绎 3.0（CC BY–ND 3.0）中国大陆法律文本❶

本作品（定义如下）的提供是以适用"知识共享公共许可协议"（CCPL，或简称"许可"）为前提的。本作品受《中华人民共和国著作权法》以及其他可适用法律的保护。对本作品的使用不得超越本许可协议授权的范围。

如您行使本许可授予的使用本作品的权利，就表明您接受并同意遵守本许可协议的所有条款。鉴于本许可为合同，在您接受这些条款和规定的前提下，许可人授予您本许可所包括的权利。

第一条 定义

1. **本作品**：指根据本许可协议提供的以任何方式和形式（包括以数字形式）表达之文学、艺术和科学领域的作品，例如：书籍、手册等文字作品；讲课、演讲、讲道及其他同类性质的作品；戏剧或音乐戏剧作品；曲艺作品；舞蹈作品及哑剧作品；配词或不配词的音乐作品；电影作品和以类似摄制电影的方法创作的作品；素描、绘画、书法、建筑、雕塑、雕刻或版画等作品；摄影作品以及以类似摄影的方法创作的作品；杂技艺术作品；实用艺术作品；与地理、地形、建筑或科学有关的插图、地图、设计图、草图及立体的造型作品；以及法律、行政法规规定的其他文学艺术作品。为本许可协议之目的，本协议有关"本作品"的规定适用于表演、录音制品及广播电视节目。

2. **原始作者**：就文学或艺术作品而言，指创作本作品的自然人或依法视为本作品作者的法人或其他组织。为本许可之目的，下述情形下的自然人、法人或其他组织适用本许可有关"原始作者"的规定：（1）就表演而言，指演员、歌唱家、音乐家、舞蹈家和其他表演、演唱、演说、朗诵、演奏、表现或者以其他方式表演文学、艺术作品或民间文学艺术的人员；（2）就录音制品而言，指首次将表演的声音或其他声音录制下来的自然人、法人或其他组织；（3）就广播电视节目而言，指传播广播电视节目的组织；（4）作者身份不明的，指行使作品著作权（除署名权外）的作品原件所有人（比如出版社）。

3. **演绎作品**：指基于本作品，或基于本作品与其他已存在的作品而创作的作品，例如翻译、改编、编曲或对文学、艺术和科学作品的其他变更，包括以摄制电影的方法对作品的改编，或其他任何对本作品进行改造、转换、

---

❶ 转载自知识共享组织官方网站（https://creativecommons.org/licenses/by-nd/3.0/cn/legalcode），原文适用《CC BY-4.0 协议》（https://creativecommons.org/licenses/by/4.0/）。

或改编后的形式，包含任何可确认为源自原始作品的修改形式。在本许可定义之下构成汇编作品的作品不视为演绎作品。为避免疑义，并为本许可之目的，当演绎对象为音乐作品时，将其依时间序列关系与动态影像配合一致而形成的结果，视为演绎作品。

4. **汇编作品**：指由于对内容的选择和编排具有独创性而构成智力创作的文学、艺术或科学作品的集合，其中本作品以完整且未经修改的形式和另外一部或多部作品组成集合的整体，而各组成作品本身是分开且独立的，例如百科全书、文选、数据汇编作品，以及本条第 1 项所列作品之外的作品或者标的。在本许可定义之下构成汇编作品的作品不视为演绎作品（定义如上）。

5. **许可人**：指根据本许可提供本作品的自然人、法人或者其他组织。

6. **您**：指以前就本作品没有违反过本许可协议、或曾违反过协议但已获得许可人明示同意、依据本许可行使权利的自然人、法人或者其他组织。

7. **发行**：指以出售或者其他权利移转方式向公众提供本作品或者演绎作品的原件或者复制件。

8. **公开传播**：指公开朗诵本作品以及以任何方式或程序，包括以有线、无线的方式或通过信息网络公开传播本作品的公开朗诵；或向公众提供本作品，使公众可以在自己选定的地点获得本作品；或以任何方式或程序公开表演本作品或向公众传播本作品的表演，包括通过信息网络传播本作品的表演；或以任何方式，包括符号、声音或图像，广播或转播本作品。上述定义包括相关法律规定的"展览""表演""放映""广播"或通过信息网络向公众传播作品等传播方式。

9. **复制**：指以印刷、复印、拓印、录音、录像、翻录、翻拍等方式制作本作品的复制件。

10. **人身权**：指相关法律赋予作者对本作品所享有的发表权、署名权、修改权以及保护作品完整权。

第二条　合理使用

本许可无意削减、限制或约束您基于《中华人民共和国著作权法》或其他相关法律有关著作权保护的限制或例外的规定对本作品的合理使用。

第三条　授权

根据本许可的条款和条件，许可人在此授予您全球性、免版税、非独占并且在本作品的著作权存续期间内均有效的许可，就本作品行使以下权利：

1. 复制本作品或将本作品收入一个或多个汇编作品中，以及复制汇编作品中收录的本作品；

175

2. 发行、公开传播本作品（包括汇编作品中收录的本作品）；

3. 为避免疑义，针对不同司法管辖区的著作权许可体系作出如下约定：

    i. **权利不能放弃的强制许可体系。**

        在那些许可人不能放弃通过任何法定的或强制的许可方案收取许可使用费的权利的司法管辖区，许可人保留因您行使本许可协议授予的权利而向您收取许可使用费的专有权；

    ii. **权利可以放弃的强制许可体系。**

        在那些许可人可以放弃通过任何法定的或强制的许可方案收取许可使用费的权利的司法管辖区，许可人放弃因您行使本许可协议授予的权利而向您收取许可使用费的专有权；

    iii. **自愿许可体系。**

        在实行著作权自愿许可的司法管辖区，许可人放弃因您行使本许可协议授予的权利而向您收取许可使用费的权利，无论是自行收取，还是通过许可人参加的著作权集体管理组织收取。

以上权利可在任何现有的或者以后出现的并为可适用的法律认可的媒体和形式上行使。上述权利包括为在其他媒体和形式上行使权利而必须进行技术性修改的权利，但除此之外，您不得对本作品进行任何修改。许可人在此保留所有未明示授予的权利。

第四条　限制

第三条的授权须受以下规定的限制：

1. 您在发行或公开传播本作品时，必须遵守本许可协议。在您发行或公开传播的本作品的每一份复制件中，您必须附上一份本许可协议的复制件或本许可协议的网址（Uniform Resource Identifier）。您不得就本作品提出或增加任何条款，从而限制本许可协议或者限制获得本作品的第三方行使本许可协议所赋予的权利。您不得对本作品进行再许可。您必须在您发行或公开传播的每份作品复制件中完整保留所有与本许可协议及免责条款相关的声明。在发行或公开传播本作品时，您不得对本作品施加任何技术措施，从而限制从您处获得本作品的第三方行使本许可协议授予的权利。本项（第四条第 1 项）规定同样适用于收录在汇编作品中的本作品，但并不要求汇编作品中除本作品外的其他作品受本许可协议的约束。在创作汇编作品时，若接到任一许可人的通知，您必须按照其要求，在可行范围内删除汇编作品中根据本协议第四条第 2 项的要求所作的有关原始作者的身份及其他有关原始作品相关信息的标注。

2. 在发行或公开传播本作品或任何汇编作品时，除非有依据第四条第 1 项之要求，否则您必须完整保留所有关于本作品的著作权声明，并以适于所使用的媒介或方法的形式提供下述信息：（1）在原始作者的姓名（或笔名）已被提供的情况下，给出该姓名或笔名，或者在原始作者或许可人以许可人的著作权声明或其他合理的方式，指定可以在作品上署名的他方当事人姓名的情况下，指明该他方当事人的名称（"署名人"）；（2）在本作品标题已被提供的情况下，给出本作品的标题；（3）在合理可行的范围内，标明许可人指定需与本作品同时出现的网址，除非该网址没有涉及到本作品的著作权声明或者关于本作品的许可信息。本项（第四条第 2 项）要求的对作者姓名和作品名称的指明可采取任何合理方式，但在汇编作品中，如果已经指明了汇编作品中所有内含作品的作者，那么对本作品名称和作者姓名的指明须同时出现在任何其他作者姓名出现的地方，并至少与对其他作者的指明一样显著。为避免疑义，本条有关标示作者姓名和作品名称之规定，仅适用于前述署名的用途；除非您事先另行取得原始作者、许可人或署名人的书面同意，否则您不得以明示或者默示的方式主张或暗示，您本人或您对作品的使用与原始作者、许可人或署名人有关联或者已获得上述人士的赞助或者支持。

3. 除非其他法律法规另有规定，您在复制、发行或者公开表演本作品，或者复制、发行或者公开表演作为任何汇编作品一部分的本作品时，不得歪曲、损害或者以其他方式损害本作品，导致原始作者的名誉或者荣誉受损。

第五条　声明、保证和免责

除非本许可的当事人相互以书面的方式做出相反约定，且在相关法律所允许的最大范围内，否则许可人按其现状提供本作品，对本作品不作任何明示或者默示、依照法律或者其他规定的陈述或担保，包括但是不限于任何有关可否商业性使用、是否符合特定的目的、不具有潜在的或者其他缺陷、准确性或者不存在不论能否被发现的错误的担保。有些司法管辖区不允许排除前述默示保证，因此这些排除性规定并不一定适用于您。

第六条　责任限制

除非属于相关法律所要求的范围，许可人在任何情况下都不对您因本许可或因使用本作品而产生的任何直接损失、间接损失或惩罚性赔偿负责，即使许可人已被告知发生此类损害的可能性。

第七条　许可终止

1. 在您违反本许可协议任何条款时，本许可及其所授予的权利将自动终止。然而，根据本许可从您处获取汇编作品的自然人、法人或者其他组织，如果他们仍完全遵守相关条款，则对他们的许可不会随之终止。即使本许可被终止，第一条、第二条、第五条、第六条、第七条以及第八条仍然有效。

2. 在上述条款及条件的前提下，此处授予的许可在法定著作权保护期限内有效。即便如此，许可人保留依其他许可条款发行本作品及在任何时候停止发行本作品的权利；但是，许可人的上述权利不能被用于撤销本许可或任何其他在本许可条款下授予的或必须授予的许可，除本条第 1 项指明的终止外，本许可将保持其完全效力。

第八条　其他事项

1. 当您发行、公开传播本作品或其汇编作品时，许可人给获得作品的第三方提供本作品的许可，其条款和条件与您所获得的许可相同。

2. 如因相关法律，本许可的某一条款无效或不能履行，本许可其余条款的有效性和可履行性不受影响。如本许可的当事人未采取进一步措施，此类无效条款应在必要范围内进行最低限度的修改以使其有效和可履行。

3. 除非当事人书面同意并签字放弃某条款和允许某违约行为，本许可的任何条款或规定都不应被视为已被放弃，或被视为允许此违约行为。

4. 本许可构成相关当事人与本授权作品相关的全部协议。除已在此处确认的之外，并不存在任何与本作品相关的谅解备忘录、协议或声明。许可人不受您提出的任何附加规定的约束。未经许可人和您双方书面同意，本许可不得更改。

CC 协议署名–非商业性使用–禁止演绎 3.0
（CC BY–NC–ND 3.0）中国大陆法律文本❶

本作品（定义如下）的提供是以适用"知识共享公共许可协议"（CCPL，或简称"许可"）为前提的。本作品受《中华人民共和国著作权法》以及其他可适用法律的保护。对本作品的使用不得超越本许可协议授权的范围。

如您行使本许可授予的使用本作品的权利，就表明您接受并同意遵守本许可协议的所有条款。鉴于本许可为合同，在您接受这些条款和规定的前提下，许可人授予您本许可所包括的权利。

第一条 定义

1. **本作品**：指根据本许可协议提供的以任何方式和形式（包括以数字形式）表达之文学、艺术和科学领域的作品，例如：书籍、手册等文字作品；讲课、演讲、讲道及其他同类性质的作品；戏剧或音乐戏剧作品；曲艺作品；舞蹈作品及哑剧作品；配词或不配词的音乐作品；电影作品和以类似摄制电影的方法创作的作品；素描、绘画、书法、建筑、雕塑、雕刻或版画等作品；摄影作品以及以类似摄影的方法创作的作品；杂技艺术作品；实用艺术作品；与地理、地形、建筑或科学有关的插图、地图、设计图、草图及立体的造型作品；以及法律、行政法规规定的其他文学艺术作品。为本许可协议之目的，本协议有关"本作品"的规定适用于表演、录音制品及广播电视节目。

2. **原始作者**：就文学或艺术作品而言，指创作本作品的自然人或依法视为本作品作者的法人或其他组织。为本许可之目的，下述情形下的自然人、法人或其他组织适用本许可有关"原始作者"的规定：（1）就表演而言，指演员、歌唱家、音乐家、舞蹈家和其他表演、演唱、演说、朗诵、演奏、表现或者以其他方式表演文学、艺术作品或民间文学艺术的人员；（2）就录音制品而言，指首次将表演的声音或其他声音录制下来的自然人、法人或其他组织；（3）就广播电视节目而言，指传播广播电视节目的组织；（4）作者身份不明的，指行使作品著作权（除署名权外）的作品原件所有人（比如出版社）。

3. **演绎作品**：指基于本作品，或基于本作品与其他已存在的作品而创作的作品，例如翻译、改编、编曲或对文学、艺术和科学作品的其他变更，包括

179

---

❶ 转载自知识共享组织官方网站（https://creativecommons.org/licenses/by-nc-nd/3.0/cn/legalcode），原文适用《CC BY-4.0 协议》（https://creativecommons.org/licenses/by/4.0/）。

以摄制电影的方法对作品的改编，或其他任何对本作品进行改造、转换、或改编后的形式，包含任何可确认为源自原始作品的修改形式。在本许可定义之下构成汇编作品的作品不视为演绎作品。为避免疑义，并为本许可之目的，当演绎对象为音乐作品时，将其依时间序列关系与动态影像配合一致而形成的结果，视为演绎作品。

4. **汇编作品**：指由于对内容的选择和编排具有独创性而构成智力创作的文学、艺术或科学作品的集合，其中本作品以完整且未经修改的形式和另外一部或多部作品组成集合的整体，而各组成作品本身是分开且独立的，例如百科全书、文选、数据汇编作品，以及本条第 1 项所列作品之外的作品或者标的。在本许可定义之下构成汇编作品的作品不视为演绎作品（定义如上）。

5. **许可人**：指根据本许可提供本作品的自然人、法人或者其他组织。

6. **您**：指以前就本作品没有违反过本许可协议、或曾违反过协议但已获得许可人明示同意、依据本许可行使权利的自然人、法人或者其他组织。

7. **发行**：指以出售或者其他权利移转方式向公众提供本作品的原件或者复制件。

8. **公开传播**：指公开朗诵本作品以及以任何方式或程序，包括以有线、无线的方式或通过信息网络公开传播本作品的公开朗诵；或向公众提供本作品，使公众可以在自己选定的地点获得本作品；或以任何方式或程序公开表演本作品或向公众传播本作品的表演，包括通过信息网络传播本作品的表演；或以任何方式，包括符号、声音或图像，广播或转播本作品。上述定义包括相关法律规定的"展览""表演""放映""广播"或通过信息网络向公众传播作品等传播方式。

9. **复制**：指以印刷、复印、拓印、录音、录像、翻录、翻拍等方式制作本作品的复制件。

10. **人身权**：指相关法律赋予作者对本作品所享有的发表权、署名权、修改权以及保护作品完整权。

第二条　合理使用

本许可无意削减、限制或约束您基于《中华人民共和国著作权法》或其他相关法律有关著作权保护的限制或例外的规定对本作品的合理使用。

第三条　授权

根据本许可的条款和条件，许可人在此授予您全球性、免版税、非独占并且在本作品的著作权存续期间内均有效的许可，就本作品行使以下权利：

1. 复制本作品或将本作品收入一个或多个汇编作品中，以及复制汇编作品中收录的本作品；

2. 发行、公开传播本作品（包括汇编作品中收录的本作品）。

以上权利可在任何现有的或者以后出现的并为可适用的法律认可的媒体和形式上行使。上述权利包括为在其他媒体和形式上行使权利而必须进行技术性修改的权利，但除此之外，您不得对本作品进行任何修改。许可人在此保留所有未明示授予的权利，包括但不限于第四条第 4 项所规定的权利。

第四条　限制

第三条的授权须受以下规定的限制：

1. 您在发行或公开传播本作品时，必须遵守本许可协议。在您发行或公开传播的本作品的每一份复制件中，您必须附上一份本许可协议的复制件或本许可协议的网址（Uniform Resource Identifier）。您不得就本作品提出或增加任何条款，从而限制本许可协议或者限制获得本作品的第三方行使本许可协议所赋予的权利。您不得对本作品进行再许可。您必须在您发行或公开传播的每份作品复制件中完整保留所有与本许可协议及免责条款相关的声明。　在发行或公开传播本作品时，您不得对本作品施加任何技术措施，从而限制从您处获得本作品的第三方行使本许可协议授予的权利。本项（第四条第 1 项）规定同样适用于收录在汇编作品中的本作品，但并不要求汇编作品中除本作品外的其他作品受本许可协议的约束。在创作汇编作品时，若接到任一许可人的通知，您必须按照其要求，在可行范围内删除汇编作品中根据本协议第四条第 3 项的要求所作的有关原始作者的身份及其他有关原始作品相关信息的标注。

2. 您不得以任何形式行使本协议第三条授予您的权利去谋取或获得商业利益或私人金钱报酬。若交换过程中未涉及任何商业利益或私人金钱报酬，通过数字文件共享方式或其他方式用本作品去交换其他受著作权保护的作品，将不被视为谋取或获得商业利益或私人金钱报酬。

3. 在发行或公开传播本作品或任何汇编作品时，除非有依据第四条第 1 项之要求，否则您必须完整保留所有关于本作品的著作权声明，并以适于所使用的媒介或方法的形式提供下述信息：（1）在原始作者的姓名（或笔名）已被提供的情况下，给出该姓名或笔名，或者在原始作者或许可人以许可人的著作权声明或其他合理的方式，指定可以在作品上署名的他方当事人姓名的情况下，指明该他方当事人的名称（"署名人"）；（2）在本作品标题已被提供的情况下，给出本作品的标题；（3）在合理可行的范围内，标明许可人指定需与本作品同时出现的网址，除非该网址没有涉及到本作品的著作权声明或者关于本作品的许可信息。本项（第四条第 3 项）要求的对作者姓名和作品名称的指明可采取任何合理方式，但在汇编作品中，如果已经指明了汇编作品中所有内含作品的作者，那么对本作品名称和作者姓名的指明须同时出现在任何其他作者姓名出现的地方，并至少与对其他作者的指明一样显著。为避免疑义，本条有关标示作者姓名和作品名称之规定，仅适用于前述署名的用途；除非您事先另行取得原始作者、许可人或署名人的书面同意，否则您不得以明示或者默示的方式主张或暗示，您本人或您对作品的使用与原始作者、许可人或署名人有关联或者已获得上述人士的赞助或者支持。

4. 为避免疑义，针对不同司法管辖区的著作权许可体系作出如下约定：

    i. **权利不能放弃的强制许可体系。**

       在那些许可人不能放弃通过任何法定的或强制的许可方案收取许可使用费的权利的司法管辖区，许可人保留因您行使本许可协议授予的权利而向您收取许可使用费的专有权；

    ii. **权利可以放弃的强制许可体系。**

       在那些许可人可以放弃通过任何法定的或强制的许可方案收取许可使用费的权利的司法管辖区，许可人放弃因您行使本许可协议授予的权利而向您收取许可使用费的专有权；但若您行使本许可协议授予的权利时未遵守本许可协议第四条第 2 项有关非商业性使用的规定，则许可人保留向您收取本作品许可使用费的权利；

    iii. **自愿许可体系。**

       在实行著作权自愿许可的司法管辖区，若您行使本许可协议授予的权利时未遵守本许可协议第四条第 2 项有关非商业性使用的规定，则许可人保留向您收取本作品许可使用费的权利，许可人可以自行或者通过所参加的著作权集体管理组织向您收取本作品的许可使用费。

5. 除非其他法律法规另有规定，您在复制、发行或者公开表演本作品，或者复制、发行或者公开表演作为任何汇编作品一部分的本作品时，不得歪曲、损害或者以其他方式损害本作品，导致原始作者的名誉或者荣誉受损。

第五条　声明、保证和免责

除非本许可的当事人相互以书面的方式做出相反约定，且在相关法律所允许的最大范围内，否则许可人按其现状提供本作品，对本作品不作任何明示或者默示、依照法律或者其他规定的陈述或担保，包括但是不限于任何有关可否商业性使用、是否符合特定的目的、不具有潜在的或者其他缺陷、准确性或者不存在不论能否被发现的错误的担保。有些司法管辖区不允许排除前述默示保证，因此这些排除性规定并不一定适用于您。

第六条　责任限制

除非属于相关法律所要求的范围，许可人在任何情况下都不对您因本许可或因使用本作品而产生的任何直接损失、间接损失或惩罚性赔偿负责，即使许可人已被告知发生此类损害的可能性。

第七条　许可终止

1. 在您违反本许可协议任何条款时，本许可及其所授予的权利将自动终止。然而，根据本许可从您处获取汇编作品的自然人、法人或者其他组织，如果他们仍完全遵守相关条款，则对他们的许可不会随之终止。即使本许可被终止，第一条、第二条、第五条、第六条、第七条以及第八条仍然有效。

2. 在上述条款及条件的前提下，此处授予的许可在法定著作权保护期限内有效。即便如此，许可人保留依其他许可条款发行本作品及在任何时候停止发行本作品的权利；但是，许可人的上述权利不能被用于撤销本许可或任何其他在本许可条款下授予的或必须授予的许可，除本条第 1 项指明的终止外，本许可将保持其完全效力。

第八条　其他事项

1. 当您发行、公开传播本作品或其汇编作品时，许可人给获得作品的第三方提供本作品的许可，其条款和条件与您所获得的许可相同。

2. 如因相关法律，本许可的某一条款无效或不能履行，本许可其余条款的有效性和可履行性不受影响。如本许可的当事人未采取进一步措施，此类无效条款应在必要范围内进行最低限度的修改以使其有效和可履行。

3. 除非当事人书面同意并签字放弃某条款和允许某违约行为，本许可的任何条款或规定都不应被视为已被放弃，或被视为允许此违约行为。

4. 本许可构成相关当事人与本授权作品相关的全部协议。除已在此处确认的之外，并不存在任何与本作品相关的谅解备忘录、协议或声明。许可人不受您提出的任何附加规定的约束。未经许可人和您双方书面同意，本许可不得更改。

四、木兰开放作品许可协议（第一版）

木兰开放作品许可协议 署名（第一版）❶

"您"对"本作品"的复制、使用、修改及"传播"受木兰开放作品许可协议 署名，第1版（以下简称"本许可协议"）的如下条款的约束：

0. 定义

"**本作品**"是指依据"本许可协议"提供许可的受版权法保护的智力成果，包括但不限于文字作品、音乐作品、美术作品、建筑作品、摄影作品、视听作品、图形作品、模型作品等。

"**演绎作品**"是指基于"本作品"创作的作品，包括但不限于对"本作品"全部或部分进行改编、翻译、注释、编排等。

"**贡献者**"是指"本许可协议"下"本作品"相关权利的许可人，包括版权权利人和其授权的自然人或"组织"。

"**您**"是指"本许可协议"下"本作品"相关权利的被许可人，是行使"本许可协议"授予的权利的自然人或"组织"。"您的"具有对应含义。

"**组织**"是指法人、非法人组织及其关联实体。此处的"关联实体"是指对"本许可协议"下的行为方而言，控制、受控制或与其共同受控制的机构。此处的"控制"是指拥有受控方或共同受控方至少 50%直接或间接的投票权、资金或其他有价证券。

"**传播**"是指通过任何媒介向他人提供作品的行为，包括但不限于发行、出租、展览、表演、放映、通过信息网络提供或以其他方式提供作品。

"**有效技术措施**"是指根据适用法域的法律，版权权利人为避免作品未经授权使用而采取的禁止使用者规避的技术措施。

1. 授予版权许可

在"您"遵守"本许可协议"的前提下，每个"贡献者"根据"本许可协议"授予"您"永久性的、全球性的、免费的、非独占的、不可撤销的版权许可，供"您"以复制、修改、"传播"等方式利用"本作品"。

2. 无其他许可

除"本许可协议"明确规定外，"本许可协议"不提供包括商标、专利在内的任何其他许可。

---

❶ http://license.coscl.org.cn/MulanOWLBYv1。

3. "传播"条件

"您"可以任何方式"传播""本作品"或"您的""演绎作品",但应当满足以下条件:

(1)"您"必须随附"本作品"或"您的""演绎作品"提供"本许可协议"的完整文本或网址;

(2)"您"必须保留"本作品"或"您"所使用部分的来源网址、"贡献者"署名和/或版权声明("贡献者"要求移除的情形除外)、修改声明、专利声明、商标声明及免责声明;

(3)若"您"基于"本作品"创作"演绎作品"并"传播"的,"您"必须以合理方式声明"本作品"已被修改;

(4)"您"不得对"本作品"施加任何的约束或采用任何"有效技术措施",以限制接收"本作品"的其他人在"本许可协议"下所享有的权利;若"您"接收的"本作品"被施加前述约束或"有效技术措施","您"有权进行移除或规避。

"您"可以以合理方式标注"您"所使用的"本作品"或其部分的标题、版本等信息;若"您"使用的"本作品"或其部分或"您的""演绎作品"是通过信息网络"传播",本条第(1)-(3)项中所述文本或网址可以使用超链接。

4. 违约与终止

4.1 若"您"违反"本许可协议",任何"贡献者"有权书面通知"您"终止其根据"本许可协议"授予"您"的许可。该"贡献者"根据"本许可协议"授予"您"的许可自"您"接到其终止通知之日起终止。仅在如下三种情形下,即使"您"收到"贡献者"的通知也并不终止其授予"您"的许可:

(1)"您"在接到该终止通知之前已停止所有违反行为;

(2)"您"是首次收到该"贡献者"根据"本许可协议"发出的书面终止通知,并且"您"在收到该通知后30天内已停止所有违反行为;

(3)"贡献者"明示恢复授予"您"的许可。

4.2 即使"您"在"本许可协议"下被授予的许可终止,只要从"您"处直接或间接接收"本作品"的其他人遵守"本许可协议"的规定,他们根据"本许可协议"享有的权利不受影响。

4.3 "本许可协议"第0、4、5、6条,不因"本许可协议"终止而失效。

5. 免责声明与责任限制

"本作品"在提供时不带有任何明示或默示的担保。在任何情况下,"贡献者"不对任何人因使用"本作品"而引发的任何直接或间接损失承担任何责任,不论该等损失因何种原因导致或者基于何种法律理论,即使其曾被告知有该等

损失的可能性。

6. 语言

"本许可协议"以中英文双语表述，中英文版本具有同等法律效力。若中英文版本存在任何不一致，以中文版为准。

条款结束

Mulan Open Works License Attribution, Version 1

Your reproduction, use, modification and Dissemination of This Work shall be subject to Mulan Open Works License Attribution, Version 1 (This License) with following terms and conditions:

0. Definition

This Work means intellectual achievement protected by copyright law that is licensed under This License, including but not limited to a written work, a musical work, a fine art work, an architecture work, a photographic work, an audiovisual work, a graphic work, and a model work.

Adapted Work means a work that is created based on This Work, including but not limited to modification, translation, annotation, or arrangement of This Work in whole or in part.

Contributor means the licensor(s) of the rights related to This Work under This License, including the copyright holder(s) and its authorized individual(s) or Organization(s).

You means the licensee of the rights related to This Work under This License, who is an individual or Organization exercising the rights granted under This License. **Your** has a corresponding meaning.

Organization means any legal entity(ies), unincorporated organization(s), and their affiliate(s). Aforesaid "affiliate" means any entity that controls, is controlled by, or is under common control with any party under This License. Aforesaid "control" means direct or indirect ownership of at least fifty percent (50%) of the voting power, capital or other securities of controlled or commonly controlled entity.

Disseminate (or Dissemination) means the act of making works available to others through any medium, including but not limited to distribution, lease, exhibition, performance, projection, providing works through information networks or by any other means providing works.

Effective Technical Measures means those technical measures taken by copyright holders to prevent unauthorized use of work, from which circumvention by users are prohibited under laws of applicable jurisdiction.

1. Grant of Copyright License

Subject to Your compliance with the terms and conditions of This License, each Contributor hereby grants You, according to This License, a perpetual, worldwide, royalty-free, non-exclusive, irrevocable copyright license to copy, modify, Disseminate, and in other manner use This Work.

2. No Other License

Except for those as expressly stated in This License, This License does not provide any other licenses, including trademark license or patent license.

3. Dissemination Conditions

You may Disseminate This Work or Your Adapted Work in any manner, provided that the following conditions are met:

(1) You must provide the text or URI of This License with This Work or Your Adapted Work;

(2) You must retain any URI, Contributor's attribution and/or copyright statements (unless the Contributor requires removal), modification statements, patent statements, trademark statements, and disclaimer statements of This Work or parts thereof that You use;

(3) If You create an Adapted Work based on This Work and Disseminate it, You must indicate in a reasonable manner that You modified This Work;

(4) You must not exert any restrictions on or apply any Effective Technical Measures to This Work to restrict any others who receive This Work from exercising the rights granted under This License; if This Work You received had been exerted foregoing restrictions or applied Effective Technical Measures, You are entitled to remove or circumvent them.

You may indicate in a reasonable manner the information such as the title or version of This Work or parts thereof that You use; if This Work or parts thereof that You use or Your Adapted Work is Disseminated through information networks, You may use hyperlinks for provision of the foregoing texts or URIs in (1)-(3) of Section 4.

4. Breach and Termination

4.1   If You breached This License, any Contributor has the right to notify You in writing to terminate its license granted to You under This License. The license granted to You by such Contributor terminates upon Your receipt of such notice of termination. Notwithstanding the foregoing, Your license will not be terminated even if You received a notice of termination from Contributor, under three circumstances as set forth below:

(1) You have cured all the breaches prior to receipt of such notice of termination; or,

(2) it's Your first time to receive a notice of termination from such Contributor pursuant to This License, and You have cured all the breaches within 30 days of receipt of such notice; or,

(3) Contributor has expressly reinstated the license granted to You.

4.2   Termination of Your license under This License shall not affect any rights under This License granted to any others who directly or indirectly receive This Work from You, provided that they comply with the terms and conditions of This License.

4.3   Sections 0, 4, 5, and 6 survive termination of This License.

5. Disclaimer of Warranty and Limitation of Liability

THIS WORK IS PROVIDED WITHOUT WARRANTIES OF ANY KIND, EITHER EXPRESS OR IMPLIED. IN NO EVENT SHALL ANY CONTRIBUTOR BE LIABLE TO YOU FOR ANY DAMAGES, INCLUDING BUT NOT LIMITED TO ANY DIRECT OR INDIRECT DAMAGES ARISING FROM YOUR USE OR INABILITY TO USE THIS WORK, NO MATTER HOW IT IS CAUSED OR BASED ON WHICH LEGAL THEORY, EVEN IF SUCH CONTRIBUTOR HAS BEEN ADVISED OF THE POSSIBILITY OF SUCH DAMAGES.

6. Language

THIS LICENSE IS WRITTEN IN BOTH CHINESE AND ENGLISH, AND THE CHINESE VERSION AND ENGLISH VERSION SHALL HAVE THE SAME LEGAL EFFECT. IN CASE OF DIVERGENCE BETWEEN THE CHINESE AND ENGLISH VERSIONS, THE CHINESE VERSION SHALL PREVAIL.

END OF THE TERMS AND CONDITIONS

木兰开放作品许可协议 署名-专利许可（第一版）❶

"您"对"本作品"的复制、使用、修改及"传播"受木兰开放作品许可协议 署名-专利许可，第1版（以下简称"本许可协议"）的如下条款的约束：

0. 定义

"**本作品**"是指依据"本许可协议"提供许可的受版权法保护的智力成果，包括但不限于文字作品、音乐作品、美术作品、建筑作品、摄影作品、视听作品、图形作品、模型作品等。

"**演绎作品**"是指基于"本作品"创作的作品，包括但不限于对"本作品"全部或部分进行改编、翻译、注释、编排等。

"**贡献者**"是指"本许可协议"下"本作品"相关权利的许可人，包括版权权利人和其授权的自然人或"组织"。

"**您**"是指"本许可协议"下"本作品"相关权利的被许可人，是行使"本许可协议"授予的权利的自然人或"组织"。"您的"具有对应含义。

"**组织**"是指法人、非法人组织及其关联实体。此处的"关联实体"是指对"本许可协议"下的行为方而言，控制、受控制或与其共同受控制的机构。此处的"控制"是指拥有受控方或共同受控方至少 50%直接或间接的投票权、资金或其他有价证券。

"**传播**"是指通过任何媒介向他人提供作品的行为，包括但不限于发行、出租、展览、表演、放映、通过信息网络提供或以其他方式提供作品。

"**有效技术措施**"是指根据适用法域的法律，版权权利人为避免作品未经授权使用而采取的禁止使用者规避的技术措施。

1. 授予版权许可

在"您"遵守"本许可协议"的前提下，每个"贡献者"根据"本许可协议"授予"您"永久性的、全球性的、免费的、非独占的、不可撤销的版权许可，供"您"以复制、修改、"传播"等方式利用"本作品"。

2. 授予专利许可

2.1　在"您"遵守"本许可协议"的前提下，每个"贡献者"根据"本许可协议"授予"您"永久性的、全球性的、免费的、非独占的、不可撤销的（根据"本许可协议"规定提前终止的除外）专利许可，供"您"依据"本作品"制造、委托制造产品，使用、销售、许诺销售、进口该产品。前述专利许可仅限于"贡献者"现在或将来拥有或控制的、其在"本作品"中享有版权的部分

---

❶ 转载自 http://license.coscl.org.cn/MulanOWLBYPLv1。

所覆盖的、依据"本作品"本身制造、委托制造产品，使用、销售、许诺销售、进口该产品而必然会侵犯的专利权利要求或外观设计特征。

2.2 若"您"直接或间接地、就"本作品"对任何人发起专利侵权诉讼（包括反诉或交叉诉讼）或其他专利维权行动，指控其侵犯专利权，则"本许可协议"授予"您"的专利许可自"您"提起诉讼或发起维权行动之日终止。

2.3 第 2.1 条和 2.2 条中的专利包括外观设计；适用法域的法律对外观设计的保护不纳入专利保护范围的，不影响第 2.1 条中"贡献者"对外观设计的许可及第 2.2 条中对"您"的外观设计许可的终止。

3. 无其他许可

除"本许可协议"明确规定外，"本许可协议"不提供包括商标在内的任何其他许可。

4. "传播"条件

"您"可以任何方式"传播""本作品"或"您的""演绎作品"，但应当满足以下条件：

（1）"您"必须随附"本作品"或"您的""演绎作品"提供"本许可协议"的完整文本或网址；

（2）"您"必须保留"本作品"或"您"所使用部分的来源网址、"贡献者"署名和/或版权声明（"贡献者"要求移除的情形除外）、修改声明、专利声明、商标声明及免责声明；

（3）若"您"基于"本作品"创作"演绎作品"并"传播"的，"您"必须以合理方式声明"本作品"已被修改；

（4）"您"不得对"本作品"施加任何的约束或采用任何"有效技术措施"，以限制接收"本作品"的其他人在"本许可协议"下所享有的权利；若"您"接收的"本作品"被施加前述约束或"有效技术措施"，"您"有权进行移除或规避。

"您"可以以合理方式标注"您"所使用的"本作品"或其部分的标题、版本等信息；若"您"使用的"本作品"或其部分或"您的""演绎作品"是通过信息网络"传播"，本条第（1）-（3）项中所述文本或网址可以使用超链接。

5. 违约与终止

5.1 若"您"违反"本许可协议"，任何"贡献者"有权书面通知"您"终止其根据"本许可协议"授予"您"的许可。该"贡献者"根据"本许可协议"授予"您"的许可自"您"接到其终止通知之日起终止。仅在如下三种情形下，即使"您"收到"贡献者"的通知也并不终止其授予"您"的许可：

（1）"您"在接到该终止通知之前已停止所有违反行为；

（2）"您"是首次收到该"贡献者"根据"本许可协议"发出的书面终止通知，并且"您"在收到该通知后 30 天内已停止所有违反行为；

（3）"贡献者"明示恢复授予"您"的许可。

5.2　即使"您"在"本许可协议"下被授予的许可终止，只要从"您"处直接或间接接收"本作品"的其他人遵守"本许可协议"的规定，他们根据"本许可协议"享有的权利不受影响。

5.3　"本许可协议"第 0、5、6、7 条，不因"本许可协议"终止而失效。

6. 免责声明与责任限制

"本作品"在提供时不带有任何明示或默示的担保。在任何情况下，"贡献者"不对任何人因使用"本作品"而引发的任何直接或间接损失承担任何责任，不论该等损失因何种原因导致或者基于何种法律理论，即使其曾被告知有该等损失的可能性。

7. 语言

"本许可协议"以中英文双语表述，中英文版本具有同等法律效力。若中英文版本存在任何不一致，以中文版为准。

条款结束

Mulan Open Works License Attribution-PatentLicensed, Version 1

Your reproduction, use, modification and Dissemination of This Work shall be subject to Mulan Open Works License Attribution-PatentLicensed, Version 1 (This License) with following terms and conditions:

0. Definition

This Work means intellectual achievement protected by copyright law that is licensed under This License, including but not limited to a written work, a musical work, a fine art work, an architecture work, a photographic work, an audiovisual work, a graphic work, and a model work.

Adapted Work means a work that is created based on This Work, including but not limited to modification, translation, annotation, or arrangement of This Work in whole or in part.

Contributor means the licensor(s) of the rights related to This Work under This

License, including the copyright holder(s) and its authorized individual(s) or Organization(s).

You means the licensee of the rights related to This Work under This License, who is an individual or Organization exercising the rights granted under This License. **Your** has a corresponding meaning.

Organization means any legal entity(ies), unincorporated organization(s), and their affiliate(s). Aforesaid "affiliate" means any entity that controls, is controlled by, or is under common control with any party under This License. Aforesaid "control" means direct or indirect ownership of at least fifty percent (50%) of the voting power, capital or other securities of controlled or commonly controlled entity.

Disseminate (or Dissemination) means the act of making works available to others through any medium, including but not limited to distribution, lease, exhibition, performance, projection, providing works through information networks or by any other means providing works.

Effective Technical Measures means those technical measures taken by copyright holders to prevent unauthorized use of work, from which circumvention by users are prohibited under laws of applicable jurisdiction.

1. Grant of Copyright License

Subject to Your compliance with the terms and conditions of This License, each Contributor hereby grants You, according to This License, a perpetual, worldwide, royalty-free, non-exclusive, irrevocable copyright license to copy, modify, Disseminate, and in other manner use This Work.

2. Grant of Patent License

2.1   Subject to Your compliance with the terms and conditions of This License, each Contributor hereby grants You, according to This License, a perpetual, worldwide, royalty-free, non-exclusive, irrevocable (unless terminated early according to This License) patent license for You to make, have made, use, sell, offer for sale and import any products based on This Work. The foregoing patent license applies only to patent claims or design features that are owned or controlled by the Contributor now or in future, covered by the copyrighted portion of This Work and necessarily infringed by making, having made, using, selling, offering for sale, or importing the products based on This Work.

2.2   If You directly or indirectly institute patent litigation (including a cross-claim or counterclaim in a litigation) or other patent enforcement activities against anyone with respect to This Work, accusing them of infringement of patents, then any patent license granted to You under This License for This Work shall terminate as of the date such litigation or activity is filed or taken.

2.3　The patents in Sections 2.1 and 2.2 include design; if design is not protected under patent law of the applicable jurisdiction, the Contributor's license of design in Section 2.1 and the termination of Your license of design in Section 2.2 remains unaffected.

3. No Other License

Except for those as expressly stated in This License, This License does not provide any other licenses, including trademark license.

4. Dissemination Conditions

You may Disseminate This Work or Your Adapted Work in any manner, provided that the following conditions are met:

(1) You must provide the text or URI of This License with This Work or Your Adapted Work;

(2) You must retain any URI, Contributor's attribution and/or copyright statements (unless the Contributor requires removal), modification statements, patent statements, trademark statements, and disclaimer statements of This Work or parts thereof that You use;

(3) If You create an Adapted Work based on This Work and Disseminate it, You must indicate in a reasonable manner that You modified This Work;

(4) You must not exert any restrictions on or apply any Effective Technical Measures to This Work to restrict any others who receive This Work from exercising the rights granted under This License; if This Work You received had been exerted foregoing restrictions or applied Effective Technical Measures, You are entitled to remove or circumvent them.

You may indicate in a reasonable manner the information such as the title or version of This Work or parts thereof that You use; if This Work or parts thereof that You use or Your Adapted Work is Disseminated through information networks, You may use hyperlinks for provision of the foregoing texts or URIs in (1)-(3) of Section 4.

5. Breach and Termination

5.1　If You breached This License, any Contributor has the right to notify You in writing to terminate its license granted to You under This License. The license granted to You by such Contributor terminates upon Your receipt of such notice of termination. Notwithstanding the foregoing, Your license will not be terminated even if You received a notice of termination from Contributor, under three circumstances as set forth below:

(1) You have cured all the breaches prior to receipt of such notice of termination; or,

(2) it's Your first time to receive a notice of termination from such Contributor pursuant to This License, and You have cured all the breaches within 30 days of receipt of such notice; or,

(3) Contributor has expressly reinstated the license granted to You.

5.2   Termination of Your license under This License shall not affect any rights under This License granted to any others who directly or indirectly receive This Work from You, provided that they comply with the terms and conditions of This License.

5.3   Sections 0, 5, 6, and 7 survive termination of This License.

6. Disclaimer of Warranty and Limitation of Liability

THIS WORK IS PROVIDED WITHOUT WARRANTIES OF ANY KIND, EITHER EXPRESS OR IMPLIED. IN NO EVENT SHALL ANY CONTRIBUTOR BE LIABLE TO YOU FOR ANY DAMAGES, INCLUDING BUT NOT LIMITED TO ANY DIRECT OR INDIRECT DAMAGES ARISING FROM YOUR USE OR INABILITY TO USE THIS WORK, NO MATTER HOW IT IS CAUSED OR BASED ON WHICH LEGAL THEORY, EVEN IF SUCH CONTRIBUTOR HAS BEEN ADVISED OF THE POSSIBILITY OF SUCH DAMAGES.

7. Language

THIS LICENSE IS WRITTEN IN BOTH CHINESE AND ENGLISH, AND THE CHINESE VERSION AND ENGLISH VERSION SHALL HAVE THE SAME LEGAL EFFECT. IN CASE OF DIVERGENCE BETWEEN THE CHINESE AND ENGLISH VERSIONS, THE CHINESE VERSION SHALL PREVAIL.

END OF THE TERMS AND CONDITIONS

木兰开放作品许可协议 署名–相同方式共享（第一版）❶

"您"对"本作品"的复制、使用、修改及"传播"受木兰开放作品许可协议 署名–相同方式共享，第 1 版（以下简称"本许可协议"）的如下条款的约束：

0. 定义

"**本作品**"是指依据"本许可协议"提供许可的受版权法保护的智力成果，包括但不限于文字作品、音乐作品、美术作品、建筑作品、摄影作品、视听作品、图形作品、模型作品等。

"**演绎作品**"是指基于"本作品"创作的作品，包括但不限于对"本作品"全部或部分进行改编、翻译、注释、编排等。

"**贡献者**"是指"本许可协议"下"本作品"相关权利的许可人，包括版权权利人和其授权的自然人或"组织"。

"**您**"是指"本许可协议"下"本作品"相关权利的被许可人，是行使"本许可协议"授予的权利的自然人或"组织"。"您的"具有对应含义。

"**组织**"是指法人、非法人组织及其关联实体。此处的"关联实体"是指对"本许可协议"下的行为方而言，控制、受控制或与其共同受控制的机构。此处的"控制"是指拥有受控方或共同受控方至少 50%直接或间接的投票权、资金或其他有价证券。

"**传播**"是指通过任何媒介向他人提供作品的行为，包括但不限于发行、出租、展览、表演、放映、通过信息网络提供或以其他方式提供作品。

"**兼容的许可协议**"是指在 http://license.coscl.org.cn/faq 列出且经木兰社区官方认可为与"本许可协议"兼容的许可协议。

"**有效技术措施**"是指根据适用法域的法律，版权权利人为避免作品未经授权使用而采取的禁止使用者规避的技术措施。

1. 授予版权许可

在"您"遵守"本许可协议"的前提下，每个"贡献者"根据"本许可协议"授予"您"永久性的、全球性的、免费的、非独占的、不可撤销的版权许可，供"您"以复制、修改、"传播"等方式利用"本作品"。

2. 无其他许可

除"本许可协议"明确规定外，"本许可协议"不提供包括商标、专利在内的任何其他许可。

---

❶ 转载自 http://license.coscl.org.cn/MulanOWLBYSAv1。

195

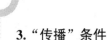

3. "传播"条件

"您"可以任何方式"传播""本作品"或"您的""演绎作品",但应当满足以下条件:

(1)"您"必须随附"本作品"或"您的""演绎作品"提供"本许可协议"的完整文本或网址;

(2)"您"必须保留"本作品"或"您"所使用部分的来源网址、"贡献者"署名和/或版权声明("贡献者"要求移除的情形除外)、修改声明、专利声明、商标声明及免责声明;

(3)若"您"基于"本作品"创作"演绎作品"并"传播"的,"您"必须以合理方式声明"本作品"已被修改;"您"还必须将"您的""演绎作品"许可在"本许可协议"或"兼容的许可协议"下,并提供所适用的许可协议文本或网址;

(4)"您"不得对"本作品"或"演绎作品"施加任何的约束或采用任何"有效技术措施",以限制接收"本作品"或"演绎作品"的其他人在对应作品所适用的"本许可协议"或"兼容的许可协议"下所享有的权利;若"您"接收的"本作品"被施加前述约束或"有效技术措施","您"有权进行移除或规避。

"您"可以以合理方式标注"您"所使用的"本作品"或其部分的标题、版本等信息;若"您"使用的"本作品"或其部分或"您的""演绎作品"是通过信息网络"传播",本条第(1)-(3)项中所述文本或网址可以使用超链接。

4. 违约与终止

4.1 若"您"违反"本许可协议",任何"贡献者"有权书面通知"您"终止其根据"本许可协议"授予"您"的许可。该"贡献者"根据"本许可协议"授予"您"的许可自"您"接到其终止通知之日起终止。仅在如下三种情形下,即使"您"收到"贡献者"的通知也并不终止其授予"您"的许可:

(1)"您"在接到该终止通知之前已停止所有违反行为;

(2)"您"是首次收到该"贡献者"根据"本许可协议"发出的书面终止通知,并且"您"在收到该通知后30天内已停止所有违反行为;

(3)"贡献者"明示恢复授予"您"的许可。

4.2 即使"您"在"本许可协议"下被授予的许可终止,只要从"您"处直接或间接接收"本作品"的其他人遵守"本许可协议"的规定,他们根据"本许可协议"享有的权利不受影响。

4.3 "本许可协议"第0、4、5、6条,不因"本许可协议"终止而失效。

5. 免责声明与责任限制

"本作品"在提供时不带有任何明示或默示的担保。在任何情况下,"贡献者"不对任何人因使用"本作品"而引发的任何直接或间接损失承担任何责任，不论该等损失因何种原因导致或者基于何种法律理论，即使其曾被告知有该等损失的可能性。

6. 语言

"本许可协议"以中英文双语表述，中英文版本具有同等法律效力。若中英文版本存在任何不一致，以中文版为准。

条款结束

Mulan Open Works License Attribution-ShareAlike, Version 1

Your reproduction, use, modification and Dissemination of This Work shall be subject to Mulan Open Works License Attribution-ShareAlike, Version 1 (This License) with following terms and conditions:

0. Definition

This Work means intellectual achievement protected by copyright law that is licensed under This License, including but not limited to a written work, a musical work, a fine art work, an architecture work, a photographic work, an audiovisual work, a graphic work, and a model work.

Adapted Work means a work that is created based on This Work, including but not limited to modification, translation, annotation, or arrangement of This Work in whole or in part.

Contributor means the licensor(s) of the rights related to This Work under This License, including the copyright holder(s) and its authorized individual(s) or Organization(s).

You means the licensee of the rights related to This Work under This License, who is an individual or Organization exercising the rights granted under This License. **Your** has a corresponding meaning.

Organization means any legal entity(ies), unincorporated organization(s), and their affiliate(s). Aforesaid "affiliate" means any entity that controls, is controlled by, or is under common control with any party under This License. Aforesaid "control" means direct or indirect ownership of at least fifty percent (50%) of the voting power, capital or other securities of controlled or commonly controlled entity.

Disseminate (or Dissemination) means the act of making works available to others through any medium, including but not limited to distribution, lease, exhibition, performance, projection, providing works through information networks or by any other means providing works.

Compatible License means any license that is listed on http://license.coscl.org.cn/faq and officially approved by Mulan Community as compatible with This License.

Effective Technical Measures means those technical measures taken by copyright holders to prevent unauthorized use of work, from which circumvention by users are prohibited under laws of applicable jurisdiction.

1. Grant of Copyright License

Subject to Your compliance with the terms and conditions of This License, each Contributor hereby grants You, according to This License, a perpetual, worldwide, royalty-free, non-exclusive, irrevocable copyright license to copy, modify, Disseminate, and in other manner use This Work.

2. No Other License

Except for those as expressly stated in This License, This License does not provide any other licenses, including trademark license or patent license.

3. Dissemination Conditions

You may Disseminate This Work or Your Adapted Work in any manner, provided that the following conditions are met:

(1) You must provide the text or URI of This License with This Work or Your Adapted Work;

(2) You must retain any URI, Contributor's attribution and/or copyright statements (unless the Contributor requires removal), modification statements, patent statements, trademark statements, and disclaimer statements of This Work or parts thereof that You use;

(3) If You create an Adapted Work based on This Work and Disseminate it, You must indicate in a reasonable manner that You modified This Work; You must license Your Adapted Work under This License or any Compatible License and provide text or URI of the applied license;

(4) You must not exert any restrictions on or apply any Effective Technical

Measures to This Work or the Adapted Work to restrict any others who receive This Work or Adapted Work from exercising the rights granted under This License or any Compatible License; if This Work You received had been exerted foregoing restrictions or applied Effective Technical Measures, You are entitled to remove or circumvent them.

You may indicate in a reasonable manner the information such as the title or version of This Work or parts thereof that You use; if This Work or parts thereof that You use or Your Adapted Work is Disseminated through information networks, You may use hyperlinks for provision of the foregoing texts or URIs in (1)-(3) of Section 4.

4. Breach and Termination

4.1　If You breached This License, any Contributor has the right to notify You in writing to terminate its license granted to You under This License. The license granted to You by such Contributor terminates upon Your receipt of such notice of termination. Notwithstanding the foregoing, Your license will not be terminated even if You received a notice of termination from Contributor, under three circumstances as set forth below:

(1) You have cured all the breaches prior to receipt of such notice of termination; or,

(2) it's Your first time to receive a notice of termination from such Contributor pursuant to This License, and You have cured all the breaches within 30 days of receipt of such notice; or,

(3) Contributor has expressly reinstated the license granted to You.

4.2　Termination of Your license under This License shall not affect any rights under This License granted to any others who directly or indirectly receive This Work from You, provided that they comply with the terms and conditions of This License.

4.3　Sections 0, 4, 5, and 6 survive termination of This License.

5. Disclaimer of Warranty and Limitation of Liability

THIS WORK IS PROVIDED WITHOUT WARRANTIES OF ANY KIND, EITHER EXPRESS OR IMPLIED. IN NO EVENT SHALL ANY CONTRIBUTOR BE LIABLE TO YOU FOR ANY DAMAGES, INCLUDING BUT NOT LIMITED TO ANY DIRECT OR INDIRECT DAMAGES ARISING FROM YOUR USE OR INABILITY TO USE THIS WORK, NO MATTER HOW

IT IS CAUSED OR BASED ON WHICH LEGAL THEORY, EVEN IF SUCH CONTRIBUTOR HAS BEEN ADVISED OF THE POSSIBILITY OF SUCH DAMAGES.

6. Language

THIS LICENSE IS WRITTEN IN BOTH CHINESE AND ENGLISH, AND THE CHINESE VERSION AND ENGLISH VERSION SHALL HAVE THE SAME LEGAL EFFECT. IN CASE OF DIVERGENCE BETWEEN THE CHINESE AND ENGLISH VERSIONS, THE CHINESE VERSION SHALL PREVAIL.

END OF THE TERMS AND CONDITIONS

木兰开放作品许可协议 署名–专利许可–相同方式共享（第一版）❶

"您"对"本作品"的复制、使用、修改及"传播"受木兰开放作品许可协议 署名–专利许可–相同方式共享，第 1 版（以下简称"本许可协议"）的如下条款的约束：

0. 定义

"**本作品**"是指依据"本许可协议"提供许可的受版权法保护的智力成果，包括但不限于文字作品、音乐作品、美术作品、建筑作品、摄影作品、视听作品、图形作品、模型作品等。

"**演绎作品**"是指基于"本作品"创作的作品，包括但不限于对"本作品"全部或部分进行改编、翻译、注释、编排等。

"**贡献者**"是指"本许可协议"下"本作品"相关权利的许可人，包括版权权利人和其授权的自然人或"组织"。

"**您**"是指"本许可协议"下"本作品"相关权利的被许可人，是行使"本许可协议"授予的权利的自然人或"组织"。"您的"具有对应含义。

"**组织**"是指法人、非法人组织及其关联实体。此处的"关联实体"是指对"本许可协议"下的行为方而言，控制、受控制或与其共同受控制的机构。此处的"控制"是指拥有受控方或共同受控方至少 50%直接或间接的投票权、资金或其他有价证券。

"**传播**"是指通过任何媒介向他人提供作品的行为，包括但不限于发行、出租、展览、表演、放映、通过信息网络提供或以其他方式提供作品。

"**兼容的许可协议**"是指在 http://license.coscl.org.cn/faq 列出且经木兰社区官方认可为与"本许可协议"兼容的许可协议。

"**有效技术措施**"是指根据适用法域的法律，版权权利人为避免作品未经授权使用而采取的禁止使用者规避的技术措施。

1. 授予版权许可

在"您"遵守"本许可协议"的前提下，每个"贡献者"根据"本许可协议"授予"您"永久性的、全球性的、免费的、非独占的、不可撤销的版权许可，供"您"以复制、修改、"传播"等方式利用"本作品"。

2. 授予专利许可

2.1　在"您"遵守"本许可协议"的前提下，每个"贡献者"根据"本许可协议"授予"您"永久性的、全球性的、免费的、非独占的、不可撤销的（根

---

❶ 转载自 https://license.coscl.org.cn/MulanOWLBYPLSAv1。

据"本许可协议"规定提前终止的除外）专利许可，供"您"依据"本作品"制造、委托制造产品，使用、销售、许诺销售、进口该产品。前述专利许可仅限于"贡献者"现在或将来拥有或控制的、其在"本作品"中享有版权的部分所覆盖的、依据"本作品"本身制造、委托制造产品，使用、销售、许诺销售、进口该产品而必然会侵犯的专利权利要求或外观设计特征。

2.2　若"您"直接或间接地、就"本作品"对任何人发起专利侵权诉讼（包括反诉或交叉诉讼）或其他专利维权行动，指控其侵犯专利权，则"本许可协议"授予"您"的专利许可自"您"提起诉讼或发起维权行动之日终止。

2.3　第 2.1 条和 2.2 条中的专利包括外观设计；适用法域的法律对外观设计的保护不纳入专利保护范围的，不影响第 2.1 条中"贡献者"对外观设计的许可及第 2.2 条中对"您"的外观设计许可的终止。

3. 无其他许可

除"本许可协议"明确规定外，"本许可协议"不提供包括商标在内的任何其他许可。

4. "传播"条件

"您"可以任何方式"传播""本作品"或"您的""演绎作品"，但应当满足以下条件：

（1）"您"必须随附"本作品"或"您的""演绎作品"提供"本许可协议"的完整文本或网址；

（2）"您"必须保留"本作品"或"您"所使用部分的来源网址、"贡献者"署名和/或版权声明（"贡献者"要求移除的情形除外）、修改声明、专利声明、商标声明及免责声明；

（3）若"您"基于"本作品"创作"演绎作品"并"传播"的，"您"必须以合理方式声明"本作品"已被修改；"您"还必须将"您的""演绎作品"许可在"本许可协议"或"兼容的许可协议"下，并提供所适用的许可协议文本或网址；

（4）"您"不得对"本作品"或"演绎作品"施加任何的约束或采用任何"有效技术措施"，以限制接收"本作品"或"演绎作品"的其他人在对应作品所适用的"本许可协议"或"兼容的许可协议"下所享有的权利；若"您"接收的"本作品"被施加前述约束或"有效技术措施"，"您"有权进行移除或规避。

"您"可以以合理方式标注"您"所使用的"本作品"或其部分的标题、版本等信息；若"您"使用的"本作品"或其部分或"您的""演绎作品"是通过信息网络"传播"，本条第（1）–（3）项中所述文本或网址可以使用超链接。

5. 违约与终止

5.1 若"您"违反"本许可协议",任何"贡献者"有权书面通知"您"终止其根据"本许可协议"授予"您"的许可。该"贡献者"根据"本许可协议"授予"您"的许可自"您"接到其终止通知之日起终止。仅在如下三种情形下,即使"您"收到"贡献者"的通知也并不终止其授予"您"的许可:

（1）"您"在接到该终止通知之前已停止所有违反行为;

（2）"您"是首次收到该"贡献者"根据"本许可协议"发出的书面终止通知,并且"您"在收到该通知后 30 天内已停止所有违反行为;

（3）"贡献者"明示恢复授予"您"的许可。

5.2 即使"您"在"本许可协议"下被授予的许可终止,只要从"您"处直接或间接接收"本作品"的其他人遵守"本许可协议"的规定,他们根据"本许可协议"享有的权利不受影响。

5.3 "本许可协议"第 0、5、6、7 条,不因"本许可协议"终止而失效。

6. 免责声明与责任限制

"本作品"在提供时不带有任何明示或默示的担保。在任何情况下,"贡献者"不对任何人因使用"本作品"而引发的任何直接或间接损失承担任何责任,不论该等损失因何种原因导致或者基于何种法律理论,即使其曾被告知有该等损失的可能性。

7. 语言

"本许可协议"以中英文双语表述,中英文版本具有同等法律效力。若中英文版本存在任何不一致,以中文版为准。

条款结束

Mulan Open Works License Attribution-PatentLicensed-ShareAlike, Version 1

Your reproduction, use, modification and Dissemination of This Work shall be subject to Mulan Open Works License Attribution-PatentLicensed-ShareAlike, Version 1 (This License) with following terms and conditions:

0. Definition

This Work means intellectual achievement protected by copyright law that is licensed under This License, including but not limited to a written work, a musical work, a fine art work, an architecture work, a photographic work, an audiovisual work, a graphic work, and a model work.

Adapted Work means a work that is created based on This Work, including but not limited to modification, translation, annotation, or arrangement of This Work in whole or in part.

Contributor means the licensor(s) of the rights related to This Work under This License, including the copyright holder(s) and its authorized individual(s) or Organization(s).

You means the licensee of the rights related to This Work under This License, who is an individual or Organization exercising the rights granted under This License. **Your** has a corresponding meaning.

Organization means any legal entity(ies), unincorporated organization(s), and their affiliate(s). Aforesaid "affiliate" means any entity that controls, is controlled by, or is under common control with any party under This License. Aforesaid "control" means direct or indirect ownership of at least fifty percent (50%) of the voting power, capital or other securities of controlled or commonly controlled entity.

Disseminate (or Dissemination) means the act of making works available to others through any medium, including but not limited to distribution, lease, exhibition, performance, projection, providing works through information networks or by any other means providing works.

Compatible License means any license that is listed on http://license.coscl.org.cn/faq and officially approved by Mulan Community as compatible with This License.

Effective Technical Measures means those technical measures taken by copyright holders to prevent unauthorized use of work, from which circumvention by users are prohibited under laws of applicable jurisdiction.

1. **Grant of Copyright License**

Subject to Your compliance with the terms and conditions of This License, each Contributor hereby grants You, according to This License, a perpetual, worldwide, royalty-free, non-exclusive, irrevocable copyright license to copy, modify, Disseminate, and in other manner use This Work.

2. **Grant of Patent License**

2.1   Subject to Your compliance with the terms and conditions of This License, each Contributor hereby grants You, according to This License, a perpetual, worldwide, royalty-free, non-exclusive, irrevocable (unless terminated early according to This License) patent license for You to make, have made, use, sell, offer for sale and import any products based on This Work. The foregoing patent license applies only to patent claims or design features that are owned or controlled by the Contributor now or in future, covered by the copyrighted portion of This Work and necessarily infringed by making, having made, using, selling, offering for sale, or importing the products based on This Work.

2.2 If You directly or indirectly institute patent litigation (including a cross-claim or counterclaim in a litigation) or other patent enforcement activities against anyone with respect to This Work, accusing them of infringement of patents, then any patent license granted to You under This License for This Work shall terminate as of the date such litigation or activity is filed or taken.

2.3 The patents in Sections 2.1 and 2.2 include design; if design is not protected under patent law of the applicable jurisdiction, the Contributor's license of design in Section 2.1 and the termination of Your license of design in Section 2.2 remains unaffected.

3. No Other License

Except for those as expressly stated in This License, This License does not provide any other licenses, including trademark license.

4. Dissemination Conditions

You may Disseminate This Work or Your Adapted Work in any manner, provided that the following conditions are met:

(1) You must provide the text or URI of This License with This Work or Your Adapted Work;

(2) You must retain any URI, Contributor's attribution and/or copyright statements (unless the Contributor requires removal), modification statements, patent statements, trademark statements, and disclaimer statements of This Work or parts thereof that You use;

(3) If You create an Adapted Work based on This Work and Disseminate it, You must indicate in a reasonable manner that You modified This Work; You must license Your Adapted Work under This License or any Compatible License and provide text or URI of the applied license;

(4) You must not exert any restrictions on or apply any Effective Technical Measures to This Work or the Adapted Work to restrict any others who receive

This Work or Adapted Work from exercising the rights granted under This License or any Compatible License; if This Work You received had been exerted foregoing restrictions or applied Effective Technical Measures, You are entitled to remove or circumvent them.

You may indicate in a reasonable manner the information such as the title or version of This Work or parts thereof that You use; if This Work or parts thereof that You use or Your Adapted Work is Disseminated through information networks, You may use hyperlinks for provision of the foregoing texts or URIs in (1)-(3) of Section 4.

5. Breach and Termination

5.1   If You breached This License, any Contributor has the right to notify You in writing to terminate its license granted to You under This License. The license granted to You by such Contributor terminates upon Your receipt of such notice of termination. Notwithstanding the foregoing, Your license will not be terminated even if You received a notice of termination from Contributor, under three circumstances as set forth below:

(1) You have cured all the breaches prior to receipt of such notice of termination; or,

(2) it's Your first time to receive a notice of termination from such Contributor pursuant to This License, and You have cured all the breaches within 30 days of receipt of such notice; or,

(3) Contributor has expressly reinstated the license granted to You.

5.2   Termination of Your license under This License shall not affect any rights under This License granted to any others who directly or indirectly receive This Work from You, provided that they comply with the terms and conditions of This License.

5.3   Sections 0, 5, 6, and 7 survive termination of This License.

6. Disclaimer of Warranty and Limitation of Liability

THIS WORK IS PROVIDED WITHOUT WARRANTIES OF ANY KIND, EITHER EXPRESS OR IMPLIED. IN NO EVENT SHALL ANY CONTRIBUTOR BE LIABLE TO YOU FOR ANY DAMAGES, INCLUDING BUT NOT LIMITED TO ANY DIRECT OR INDIRECT DAMAGES ARISING FROM YOUR USE OR INABILITY TO USE THIS WORK, NO MATTER HOW IT IS CAUSED OR BASED ON WHICH LEGAL THEORY, EVEN IF SUCH

CONTRIBUTOR HAS BEEN ADVISED OF THE POSSIBILITY OF SUCH DAMAGES.

7. Language

THIS LICENSE IS WRITTEN IN BOTH CHINESE AND ENGLISH, AND THE CHINESE VERSION AND ENGLISH VERSION SHALL HAVE THE SAME LEGAL EFFECT. IN CASE OF DIVERGENCE BETWEEN THE CHINESE AND ENGLISH VERSIONS, THE CHINESE VERSION SHALL PREVAIL.

END OF THE TERMS AND CONDITIONS